Jak się nie nudzić
na emeryturze?

Stanisław Mędak

Jak się nie nudzić
na emeryturze?

Poradnik emeryta i rencisty

impuls

Kraków 2010

Korekta:
Aleksandra Jastrzębska

Projekt okładki:
Ewa Beniak-Haremska

ISBN 978-83-7587-328-3

Oficyna Wydawnicza „Impuls"
30-619 Kraków, ul. Turniejowa 59/5
tel. (12) 422-41-80, fax (12) 422-59-47
www.impulsoficyna.com.pl, e-mail: impuls@impulsoficyna.com.pl
Wydanie I, Kraków 2010

Spis treści

Wstęp 7

Rozdział pierwszy
Wolontariat 11

Rozdział drugi
Uniwersytety Trzeciego Wieku 19

Rozdział trzeci
W zdrowym ciele zdrowy duch. Tai-chi 29

Rozdział czwarty
Relaksacja i medytacja 39

Rozdział piąty
Kluby seniora 45

Rozdział szósty
Buszowanie cyberemeryta w sieci 53

Rozdział siódmy
Zajęcie na cztery sezony. Pomoc dla zwierząt i ptaków 63

Rozdział ósmy
Sprzątanie świata. Pomóż Ziemi! 81

Rozdział dziewiąty
Odwrócona hipoteka. Podróż luksusowym statkiem do tajemniczego
Machu Picchu. Oferta adresowana wyłącznie do seniorów 91

Rozdział dziesiąty
Szukanie zatrudnienia 107

Rozdział jedenasty
Moje imię Emeryt. Lista złych uczynków 115

Zakończenie 123

Wstęp

Zdrowi w wierze, w miłości, wytrwałości i w cierpliwości.
św. Paweł

Przystosowanie się do życia na emeryturze może nie być takie proste, jak się wydaje. Już św. Paweł Apostoł radził starszym mężczyznom zachowywać umiar w nawykach. A to wymaga dyscypliny wewnętrznej – opanowywania skłonności do troszczenia się nie tylko o własne wygody. Niewykluczone, że starsi panowie powinni nawet staranniej niż kiedyś planować swoją jesień życia i mocniej trzymać się w ryzach.

„Bądźcie zatem zajęci i miejcie zawsze mnóstwo pracy w dziele Pańskim, wiedząc, że wasz trud w związku z Panem nie jest daremny" – głosił w Pierwszym Liście do Koryntian (1 Kor 15,58). „Spróbujcie jeszcze więcej pomagać innym" – doradzał w kolejnym liście (2 Kor 6,13).

„Mimo upływu lat starajcie się być zdrowi w wierze, w miłości, w wytrwałości" – podpowiadał nam, maluczkim tego świata, którzy docierają do granicy wyznaczonej przez siły wyższe.

W Drugim Liście do swego najbliższego współpracownika Tytusa Apostoł Narodów – Paweł z Tarsu – udziela rad wierzącym różnej płci, różnego wieku i różnych zawodów. Ponieważ nie jesteśmy zainteresowani radami dla młodych kobiet, młodzieńców czy też niewolników, podajemy te, które dotyczą osób starszych.

Oto one:

Starcy, aby byli trzeźwi, poważni, roztropni, zdrowi w wierze, w miłości, w cierpliwości.

Także i stare niewiasty niech chodzą w ubiorze przystojnym, jak przystoi świętym; niech nie będą potwarliwe, nie kochające się w wielu winach, poczciwych rzeczy nauczające;

Aby młodych pań rozumów uczyły, jakoby mężów swoich i dziatki miłować miały.

Aby były roztropne, czyste, domu pilne, dobrotliwe, mężom swym poddane, aby słowo Boże nie było bluźnione (2 Tym 2,2–5).

Tytus – biskup gminy chrześcijańskiej na Krecie – miał głosić te rady wszem i wobec, łagodnie napominać swych wiernych, a nawet strofować ich z powagą. Od tego czasu minęło wiele, wiele lat. Ze zdrowych nauk głoszonych w tych niepamiętnych czasach o tym, że starcy powinni być ludźmi trzeźwymi, statecznymi, roztropnymi, o zdrowej wierze, odznaczać się miłością i cierpliwością, a starsze kobiety w zewnętrznym ułożeniu mają być jak najskromniejsze, dalekie od plotkarstwa, oszczerstw, upijania się winem – nasi słowiańscy przodkowie musieli wyciągnąć daleko idące wnioski.

Uniwersalne prawdy weszły nam w krew na zawsze. Żyjemy nimi aż do późnej starości, czasami w przekonaniu, jak łatwo innych uczyć dobra. Zdrowi w wierze, w miłości i w cierpliwości, w pełni aktywni zawodowo nie zauważamy albo nie chcemy zauważyć najważniejszego momentu w życiu, jakim jest emerytura. W gerontologii mówi się wiele o stresie przejścia na emeryturę, o nagłej pustce człowieka, o odebraniu psychice i organizmowi wszystkiego, co daje aktywność zawodowa. W chwili przechodzenia na emeryturę jeszcze nie wiemy, nie odczuwamy, nie jesteśmy świadomi, że ta decyzja o zakończeniu działalności zawodowej może prowadzić do szybkiego starzenia się, zniedołężnienia, załamania zdrowia czy też utraty chęci do życia.

Może. Aczkolwiek nie musi.

O wieku emerytalnym nie wolno myśleć z lękiem. To relatywnie krótki odcinek naszego życia, z którego – jak z kosza na śmieci – należy wyrzucić wszelkie stereotypy. Obraz zgarbionego staruszka siedzącego przed telewizorem już od wczesnych godzin porannych, sylwetka otyłej babci, próbującej dogonić uciekającego przed nią dorodnego wnuczka, niewidoczna dla klienta dorabiająca w kiosku teściowa-emerytka, której twarz zasłaniają kolorowe i błyszczące paczki *slimów* i *lightów*, nie oznaczają jednak, że tego rodzaju „rozrywki" muszą stanowić ich jedyne zajęcie. Stereotypów musimy pozbyć się sami. Nikt nam w tym nie pomoże. Zacznijmy więc od zmiany myślenia. Róbmy wszystko, aby miłe uczucie wywołane czymś dobrym, pozytywnym zadomowiło się w codziennym życiu na emeryturze. Nauczmy się sprawiać sobie na starość przyjemność wielką lub krótkotrwałą, znajdować w czymś przyjemność, odczuwać przyjemność, robić coś z przyjemnością, jednym słowem – czerpać z życia same przyjemności.

Z dużą więc **przyjemnością** będziemy Wam radzić. Wszystkim tym, którzy lubią słuchać rad innych. Ponieważ na poradnik *Jak się nie nudzić na emeryturze?* złożyły się przeżycia i doświadczenia kilkudziesięciu osób, będziemy się zwracać do Was w liczby mnogiej. Nikogo nie będziemy napominać, nikogo strofować; nasze rady kierujemy do tych, którzy potrafią zadawać sobie pytania, a nie zawsze znajdują na nie właściwe odpowiedzi lub rozwiązania. Podpowiemy, co zrobić z nadmiarem wolnego czasu, którego nie umiemy wypełnić. Zasugerujemy, co byłoby dobre, kiedy pojawia się niepewność, obawy, samotność. Będziemy mówić Wam, jak dostrzec jasne strony życia na emeryturze, jak zaplanować codzienność, poranki i wieczory, kiedy człowiek budzi się z niechęcią i wieczorem nie może zasnąć. Podamy wiele adresów, wskażemy miejsca, gdzie warto się udać, choćby na chwilę.

W większym gronie, bo przy Waszym udziale, spróbujemy omawiać czas emerytury, który może być szansą na zrealizowanie ciągle odkładanych marzeń, będziemy zastanawiać się nad tym, jak odnaleźć się w pełni w nowej sytuacji życiowej.

Życie emeryta to twardy orzech do zgryzienia. Skoro mamy go przed sobą, trzeba go rozłupać, aby okazał się pestką. Nie musimy już szukać stosownego narzędzia, mamy je bowiem w rękach. Jest nim niniejszy poradnik, obejmujący różne dziedziny.

Zachęcamy miliony polskich rencistów i emerytów do złożenia wizyty w nieznanym im czasami świecie pozytywnych myśli i pozytywnego myślenia. Każdy z Was będzie mógł znaleźć odpowiedni drogowskaz wskazujący kierunek zgodny ze swoimi oczekiwaniami.

Jesteśmy przekonani, że po lekturze tej książeczki niejeden z Was będzie wiedział i mógł podpowiedzieć innym, jak radzić sobie z samotnością, jak doświadczać czasu w całej jego rozciągłości, w jaki sposób dać szansę każdemu dniowi, aby nie był dniem straconym.

Z dobrym, emeryckim przesłaniem adresowanym do Was, wyrażonym w prostym zdaniu: „Na emeryturze można radzić sobie zupełnie nieźle", zapraszamy wszystkich do lektury.

Rozdział pierwszy

Wolontariat

Miej pomysły na starość,
tak jak wcześniej miałeś je na życie!

Kiedy mój kolega, powszechnie znany i lubiany profesor uniwersytetu, odszedł na emeryturę, był zupełnie wypalony, jak nagrobna świeczka. Lata walki o kolejne tytuły, zdobywanie coraz wyższych pozycji i stanowisk w pracy naukowej – nagle i bezwzględnie dały o sobie znać. Spędzenie czterdziestu lat na pisaniu artykułów i prac naukowych, recenzowaniu dziesiątek dysertacji, zarządzaniu katedrą i podlegającymi mu pracownikami wyczerpały jego energię i zapał, a nawet wiarę w to, co usilnie budował, tworzył, przekuwał i niszczył, próbując nadać rzeczywistości akademickiej nowy, odmienny kształt.

Postanowił więc zadbać o siebie. Pierwszym pomysłem, szybko zrealizowanym, były uzdrowiska. Tu można skoncentrować się na jednym – na odpoczynku. O ciało zadbają lekarze, pielęgniarki, masażyści. Pierwsze pół roku czasu emeryckiego profesor spędził na zapoznawaniu się z zasobami naturalnymi uzdrowisk. Profesorską herbatkę, serwowaną mu przez sekretarkę, zamienił na wody lecznicze, z których nieliczne tylko miały smak mało obrzydliwy. W górskim klimacie mocnobodźcowym wchłaniał podczas kąpieli, zawijań, okładów i tamponów peloidy, czyli borowiny. Masaże wirowe, wibracyjne i podwodne stosował w godzinach przedpołudniowych, zostawiając na wieczorne zabiegi bicze szkockie. Nie uchronił się ani przed ultradźwiękami, ani przed światłolecznictwem, ani przed ciepłolecznictwem.

Frontalny atak na ciało przyniósł oczekiwane i znaczące rezultaty, na jakie zresztą liczyły kolejne ekipy nim się zajmujące.

Jeden ze znajomych profesora, po wysłuchaniu zachwytów kuracjusza nad wyższością statusu emeryta nad osobą czynną zawodowo, w rozmowie telefonicznej skonstatował z goryczą w głosie: „Widzę, że nie brakuje ci pomysłów na starość, tak jak wcześniej nie brakowało ci ich na życie!".

Nadeszła jednak nieuchronna chwila, kiedy profesor zaczął się nudzić. Półroczna kuracja uświadomiła mu, że zdrowe teraz ciało nie ma żadnych wyzwań. Żadnego zadania, żadnej rywalizacji. Puls miał stabilny, ciśnienie krwi oraz poziom cukrów i białek jak u rozkwitającego chłopca, a jego rdzeń nadnerczy, który przez tyle lat wytwarzał adrenalinę w reakcji na stres, w zdrowym ciele pozostał w uśpieniu. Zmęczony, wypalony niedawno emeryt nie mógł dłużej znieść słodkiej bezczynności.

W rozmowie z równie uczoną osobą powiedział tak: „Przez pół roku było niezwykle sympatycznie. Wreszcie ktoś się mną zajmował. Lubiłem to profesjonalne dotykanie, masaże, to wykalkulowane bicie i uciskanie mnie po mięśniach. Kiedy lekarze i pielęgniarki przywrócili moje ciało do dawnej świetności, kiedy nie odczuwałem już żadnego bólu ani w mięśniach, ani w krzyżach, uświadomiłem sobie, że nie mogę tygodniami pozostawać w łóżku w tak świetnej formie".

Brak motywacji, aby wcześnie wstawać z łóżka, narastająca tęsknota za tymi, których lubił i nie cierpiał, tęsknota za dawnym życiem i dzwonkami trzech aparatów telefonicznych, które brzęczały onegdaj bez przerwy, a dziś milczały jak zaklęte – wszystko to coraz boleśniej dawało znać o sobie.

W głowie profesora rodził się kolejny pomysł na życie. Pomoc innym. W epoce katastrof – od ataków terrorystycznych po amerykańskie tornada i tsunami na Oceanie Indyjskim, trzęsienie ziemi na Haiti, które dotknęło trzy miliony ludzi – nie można pozostać obojętnym na ludzkie nieszczęścia. Te przerażające tragedie działy się jednak na odległych kontynentach. W kraju profesora prasa codzienna przynosiła może mniej wstrząsające wieści. A jednak były to tak samo poruszające ludzkie dramaty jak tamte, o których z biegiem czasu zapomniano.

Zbawienna myśl pojawiła się pod wpływem bezustannie włączonego telewizora. W reportażu o bezduszności mieszkańców jednej z wiosek, w której opuszczona przez zdesperowaną matkę autystyczna dziewczynka umarła z głodu, padło pytanie reporterki, skierowane do jednego z jej sąsiadów: „Pomógłby pan, gdyby pan wiedział o losie tej dziewczynki?" Zdziwiony, barczysty i dobrze odżywiony chłop zająknął się, a po chwili odburknął zdecydowanym głosem: „A co ja mogę?! Dlaczego ja, a nie ktoś inny? To nie moja sprawa. To sprawa lekarzy i władzy!".

Odpowiedź mężczyzny z reportażu zrobiła na nudzącym się profesorze ogromne wrażenie. Pomyślał: „Przecież jestem zdrowy fizycznie, radzę sobie ze stresem, samorealizowałem się przez całe życie. W myśl teorii Aarona

Antonovsky'ego muszę przecież dostrzec sens życia – nawet na emeryturze; tworzyć coś nowego, podtrzymywać więzi społeczne i zdecydowanie oswoić, a potem ujarzmić czas zmiany. Przecież w stosownym czasie dokonałem bilansu swojej kariery zawodowej, zamknąłem jedną kartę; z pełną odpowiedzialnością mogę więc otworzyć drugą. Mam przecież olbrzymie poczucie koherencji, a to nie każdemu jest dane!".

Po chwili zadumy znowu zaczął roztrząsać w myślach swój problem: „Muszę się zmobilizować! Zmierzyć się z tym, co nie pozwala mi nawet na spokojną drzemkę. Nie poddawać się! Szukać wyjścia z sytuacji – bez nerwowego działania, bez stresu".

Coś mu podszepnęło: „Zracjonalizuj nowy czas i nowe życie, a w ten sposób wejdziesz w nową rzeczywistość przez szeroko otwartą bramę".

W ten sposób narodził się nowy wolontariusz.

Zanim zakończymy tę niezwykłą relację z życia Profesora X, poświęćmy kilka chwil elegancko brzmiącemu terminowi „wolontariat".

Słowo „wolontariat" pochodzi z języka łacińskiego i oznacza „coś, co jest dobrowolne". Ktoś, kto wykonuje dobrowolną i świadomą pracę na rzecz innych lub całego społeczeństwa bez wynagrodzenia materialnego, to wolontariusz.

Praca (pomoc) wykonywana przez wolontariusza nie dotyczy pomocy rodzinie (np. babci), kolegom lub przyjaciołom. Choć jest bezpłatna, w rzeczywistości wolontariusz uzyskuje niedające się przełożyć na wymierny zysk (pieniądze) wynagrodzenie niematerialne: satysfakcję, uznanie ze strony innych, podziękowania wyrażone gestem, uśmiechem, uściskiem dłoni, łzami szczęścia itd.

Wolontariat istniał od zamierzchłych czasów w formie niezinstytucjonalizowanej. Społeczeństwa prymitywne, plemiona, grupy etniczne nie byłyby w stanie przetrwać głodu, epidemii, zapewnić sobie bezpieczeństwa bez współdziałania i wzajemnej pomocy oraz motywacji wywołującej określone zachowanie w danej sytuacji. Z czasem pojawiły się grupy społeczne reprezentujące trwałą formę niepaństwowych stowarzyszeń: organizacje kościelne, chłopskie, branżowe (cechowe), szkolne. Któż z nas nie pamięta zgłaszania się na ochotnika do wykonania jakiejś pracy użyteczności publicznej w szkole, w harcerstwie czy w organizacjach młodzieżowych?

Każdy proces motywacyjny u człowieka, bez względu na stopień natężenia, powoduje pojawienie się stanu podniecenia, podekscytowania, zmian energetycznych w zachowaniu (wzrost lub spadek sił), różnorodnych pozytywnych emocji. Dzięki motywacji mobilizujemy się, działamy, a dobrze wykonana praca przynosi wyłącznie przyjemność i potęguje w nas poczucie dumy. Chęć bycia potrzebnym, zrobienia czegoś pozytywnego, pożytecznego jest dla nas czymś tak naturalnym, jak jedzenie i spanie. Jeśli zrobimy coś dobrego, oczekujemy, że ktoś to zauważy. Ten **ktoś** to drugi człowiek, od którego spodziewamy się pochwały.

Nieliczni tylko wykazują brak potrzeby kontaktu z ludźmi. Są to tak zwani samotnicy. Można ich nazwać egoistami, bo przecież z nikim niczym się nie dzielą. Nie potrzebują nawiązywać kontaktu z innymi, nie mają żadnej chęci ani okazji spłacenia dobra, które kiedyś otrzymali. Samotnicy, egoiści nigdy nie wybiorą wolontariatu jako sposobu na życie.

A nasz profesor nigdy nie był egoistą. Sam przyznaje, że w okresie działalności zawodowej był samotnikiem z wyboru i przekonania. Utwierdzony w swym wyborze powiadał, że samotność to pozytywne zjawisko dla tych, którzy chcą coś osiągnąć w życiu, i że samotnym jest się tylko wtedy, gdy się ma za dużo wolnego czasu.

Na ekranie komputera błyska wyczekiwana informacja. Profesor czyta na głos.

Pilnie poszukiwani wolontariusze do:
- animacji czasu wolnego w szpitalu rehabilitacyjnym dla dzieci,
- opieki nad osobami z niepełnosprawnością intelektualną,
- opieki paliatywnej,
- pomocy biurowej,
- pomocy w działaniach organizacji kulturalnej,
- pomocy w nauce dzieciom,
- pomocy w nauce w pogotowiu opiekuńczym,
- pracowni terapii zajęciowej,
- programu „Starszy Brat – Starsza Siostra",
- prowadzenia warsztatów artystycznych,
- prowadzenia zajęć w świetlicy socjoterapeutycznej,
- przedszkola,
- zespołu szkół specjalnych.

My też klikniemy w odpowiednie okienko przyszłego wolontariusza, by zrekapitulować dalszy przebieg rozważań Profesora.

„Przecież przez tyle lat byłem znakomitym psychologiem uniwersyteckim – myśli sobie profesor. – Od ludzi, którymi kierowałem, oczekiwałem tego, co jest w nich najlepsze. Nie zdarzyło mi się nigdy, bym nie zauważał potrzeb swych pracowników. Poprzeczkę w doskonałości prowadzenia zespołu, kierowania nim, codziennego wspomagania ustawiłem jak najwyżej. Stworzyłem zespół, w którym rzadkie niepowodzenia nie mogły oznaczać przegranej prawie żadnego z jego członków. Wykorzystałem zachodnie, amerykańskie i francuskie wzorce, by zachęcić wszystkich do sukcesu, do parcia do przodu, do walki o uniwersytecki byt. Okazywałem od czasu do czasu uznanie dla podwładnych, którzy szli ze mną w jednym szeregu i nie wykazywali chęci skrętu ani w lewo, ani w prawo. Chwaliłem publicznie ich osiągnięcia. Cieszyłem się z ich sukcesów. Stosowałem technikę wzmacniania pozytywnego i negatywnego w stosunku do wszystkich podwładnych. Nagradzałem. A jednak... – westchnął profesor. – A jednak nie wydobyłem z podwładnych tego, co najlepsze".

W życiu profesora zdarzały się chwile, kiedy ogarniało go uczucie zniechęcenia powodowane coraz głębszym przekonaniem, że los wyznaczył go do nieustającej opieki nad innymi.

Zapadła decyzja. Profesor wyartykułował ją głośno: „Tak. Wybiorę opiekę nad osobami niepełnosprawnymi". Doskonale wiedział, że wybór jednej drogi nie oznacza rezygnacji z innych dróg, a podjęcie szybkiej decyzji uwalnia od męki zastanawiania się. „Niepełnosprawność" zawsze wydawała się mu pojęciem pozytywnym, szlachetnym i dystyngowanym, jednym słowem – nobliwym. W jego przekonaniu ktoś zajmujący się niepełnosprawnym, czyli człowiekiem o ograniczonej zdolności do wykonywania czegoś, co nie jest bliżej określone, styka się z istotą użyteczną. A tego rodzaju zajęcie może stać się fascynującą – nie tylko intelektualnie – przygodą.

Ostatnie pięć lat emerytury profesor poświęcił niepełnosprawnym. Działał na wiele różnych sposobów. Nie wystarczało czasu. Z dnia na dzień coraz bardziej przekonywał się, że jest potrzebny. W lot zrozumiał, że tragedią niepełnosprawności nie jest taka czy inna ułomność, lecz poczucie **ogromnej samotności**. Odczuł wyraźnie, że ci ludzie – pokrzywdzeni przez los, dzięki temu, co on robi dla nich, poznają prawdę o sobie i otaczającej ich rzeczywistości. Ten nowy rodzaj „wiedzy" wzmacnia ich i dodaje sił, aby łatwiej przejść przez życie.

Krok po kroku profesor-wolontariusz przenosił na podopiecznych swoje wieloletnie doświadczenie w przełamywaniu barier między dwoma światami, a oni reagowali na to promieniującą radością, którą wyrażały ich oczy. Dzięki radości, uśmiechowi, innemu spojrzeniu na rzeczywistość i ludzi odkrywali swój potencjał dobra, rozwijali go i wykorzystywali w konkretnych działaniach.

Ich cele, czyli likwidowanie strachu przed tzw. ludźmi normalnymi oraz otwarcie się na otaczającą ich rzeczywistość, były realizowane z taką samą intensywnością, jak zamieranie poczucia nudy i frustracji u profesora. Terapia zadziałała na zasadzie sprzężenia zwrotnego. Wzajemne oddziaływanie na siebie dwóch układów, w którym relacja **człowiek – człowiek** powoduje wzmocnienie oczekiwanego efektu, przyniosło rezultaty. Ta, jakże naturalna, niczym nieuwarunkowana relacja: **ja chcę być dla ciebie – ty też chcesz być dla mnie**, rozbudziła dwa różne serca z dwu różnych światów. U profesora zrodziła nowe poczucie sensu życia i jego wartości; innego życia. W przypadku niepełnosprawnych sprawiła, że po raz pierwszy zaczęli oni postrzegać życie jako bezcenny i niepowtarzalny dar.

Wolontariat to kopalnia dobra. Jan Paweł II powiedział kiedyś: „Człowiek jest wielki nie przez to, co ma, nie przez to, kim jest, lecz przez to, czym dzieli się z innymi".

W tej kopalni dobra jest tak wiele możliwości wyborów. A to właśnie nasze wybory pokazują, **kim naprawdę jesteśmy**. Zechciejmy – choćby na chwilę – rzucić okiem na internetowy serwis sieci centrów wolontariatu w Polsce (www.wolontariat.org.pl). Serwis ten ułatwia szybkie odnalezienie adresów kilkunastu ośrodków regionalnych i lokalnych.

Jeśli mamy czas i odczuwamy nawet niewielką **wolę pomocy innym i dzielenia się z innymi** – pójdźmy za głosem serca, które wie wszystko.

Dzielenie się z innymi wiedzą, doświadczeniem, dobrocią czyni cuda – zarówno w naszym życiu, jak i ludzi niepełnosprawnych, uzależnionych, samotnych, starszych. Dróg i szlaków, na końcu których jest zawsze ktoś, kto na nas czeka – jest wiele. Adresy i opisy części z nich podajemy poniżej:

– www.bazy.ngo.pl (strona zawiera dane wszystkich fundacji i stowarzyszeń w Polsce).
– www. worldvolunteerweb.org (strona zawiera informacje o wolontariacie na całym świecie).
– www.4evs.net (strona wolontariuszy EVS z całej Europy).
– www.avso.org (strona Stowarzyszenia Organizacji Wolontariackich).
– www.eastlinks.net (regionalna sieć organizacji działających w różnych krajach Europy Środkowo-Wschodniej).
– www.sosforevs.org (oficjalna strona Wolontariatu Europejskiego utworzona przez Komisję Europejską).

Aby przybliżyć ludziom dobrej woli ideę wolontariatu, autorzy strony www.wolontariat.org.pl informują potencjalnych wolontariuszy o zadaniach, które na nich czekają.

Co może robić wolontariusz?

Wolontariusz może pracować w organizacjach pozarządowych i instytucjach publicznych. Jest przydatny przede wszystkim w pracach biurowych – wpisywaniu tekstów do komputera, wysyłaniu faksów, kserowaniu, segregowaniu dokumentów itp. Może też tłumaczyć teksty z języków obcych lub administrować stroną internetową organizacji. Jeśli posiada odpowiednią wiedzę, może udzielać porad specjalistycznych (prawnych, księgowych itd.). Może też zająć się koordynacją projektów lub pisaniem wniosków. Może również czuwać przy telefonie zaufania lub mieć dyżury w recepcji. Wolontariusze mogą wesprzeć organizację uroczystości, festynów, konferencji, a także uczestniczyć w tworzeniu ulotek, folderów, pomagać przy ich dystrybucji. Można także wziąć udział w kampaniach społecznych, zbieraniu podpisów pod petycjami, kwestowaniu. Właściwie to, co można robić w organizacji zależy od tego, czym dana organizacja się zajmuje.

Wolontariusze mogą pomagać osobom bądź rodzinom, które z jakiś względów tej pomocy potrzebują. Główną grupą odbiorców pracy wolontariuszy są osoby niepełnosprawne. Pomoc tym osobom wiąże się przede wszystkim z przebywaniem z nimi, towarzystwem, wspieraniem i motywowaniem ich do aktywności. Można z nimi wychodzić na spacer, do kina, czy po prostu rozmawiać. Często są to osoby samotne, które otrzymują pomoc specjalistyczną, ale brakuje im zwykłego kontaktu z drugą osobą. Oprócz spędzania czasu z osobami niepełnosprawnymi możemy uczestniczyć w ich rehabilitacji czy terapii, oczywiście pod okiem osób przeszkolonych.

Wielu wolontariuszy pomaga osobom niewidomym, czytając im gazety lub książki. Chodzi również o prostą pomoc w załatwianiu spraw urzędowych, wypełnianiu kwitków na poczcie.

Równie dużą grupą odbiorców pomocy wolontariuszy są osoby starsze, często samotne. Tak samo, jak w przypadku osób niepełnosprawnych, wsparcie wolontariuszy polega przede wszystkim na towarzystwie, rozmowie.

Można więc pracować bezpośrednio z ludźmi – np. pomagać osobie starszej, czytać osobie niewidomej prasę lub książki, uczestniczyć w terapii dziecka autystycznego lub pracować z osobami niepełnosprawnymi.

Wolontariusz może pomagać dzieciom, zwłaszcza dzieciom niepełnosprawnym. Pomoc w zasadzie polega na zabawie z nimi, wypełnianiu im czasu wolnego. Można organizować różnego rodzaju zajęcia: teatralne, muzyczne, plastyczne, fotograficzne; współuczestniczyć w zajęciach z majsterkowania itp. Bardzo często dzieci w wieku szkolnym potrzebują pomocy w lekcjach, korepetycji z różnych przedmiotów.

Jeśli ktoś nie chce pracować bezpośrednio z ludźmi, może zajmować się zwierzętami. Może to być praca w schronisku dla psów, zajmowanie się końmi; praca w ogrodzie botanicznym, muzeum, galerii lub bibliotece (informacje dla wolontariuszy, http://www.wolontariat.org.pl/stronaphp?p=88).

Rozdział drugi

Uniwersytety Trzeciego Wieku

Nie zawsze za młodu drży nam serce,
nie zawsze na starość drżą nam nogi.

Obecnie w naszym kraju jest 10 milionów rencistów i emerytów. Niedługo kolejne miliony Polek i Polaków przekroczą 65. rok życia. Ponad jedna czwarta społeczeństwa to seniorzy. Dzięki wyższej stopie życiowej obywateli Unii Europejskiej, lepszej medycynie, szybko rozwijającym się naukom, na przykład biochemii, wprowadzeniu badań profilaktycznych, większej świadomości prozdrowotnej itd. przedłuża się życie obywatela – nie tylko starej Europy, ale również środkowej i centralnej – średnio o 20–25 lat!

O nas, rencistach i emerytach rosnących w siłę, muszą myśleć inni. Kim oni są? Są politykami, wojewodami, starostami powiatowych miast. Za nimi idą rektorzy wyższych uczelni, psychologowie, socjolodzy i ludzie dobrej woli. Wśród nich są tacy, którzy zamartwiają się naszą przyszłością. Z ich rosnącego niepokoju o jutro seniorów rodzą się różne pomysły. Jedne okazują się niewykonalne, inne są wcielane w życie.

O zinstytucjonalizowanych pomysłach mówi się w telewizji, pisze w prasie. Niewątpliwym natomiast sukcesem ostatnich lat są Uniwersytety Trzeciego Wieku, które nieodwołalnie weszły do obiegu społecznego. Pierwszy uniwersytet tego typu, założony we Francji, obchodzi w tym roku 37. rocznicę powstania[1].

---

[1] Chodzi tu o Uniwersytet Trzeciego Wieku, który powstał w Tuluzie w 1973 roku. Inspiracją do stworzenia tej placówki były przemyślenia Pierre'a Vellasa na temat starości. Vellas był blisko związany z rodzicami i dziadkami. Widząc ich żywotność, radość i pracowitość, doszedł do wniosku, że w starszym wieku można być aktywnym. Poza tym przekonał się o ważnej roli więzów rodzinnych, które pozytywnie oddziałują na ludzi w każdym wieku. W dzieciństwie Vellas spotkał wielu starszych ludzi, żył i pracował wśród nich. Bliskość tych osób pomogła mu zrozumieć ich problemy. Te doświadczenia przerodziły się w chęć zorgani-

Działalność Uniwersytetów Trzeciego Wieku (UTW) wiąże się bezpośrednio z ideą wolontariatu. To właśnie dzięki wolontariuszom Uniwersytety Trzeciego Wieku dysponują świetną kadrą dydaktyczno-naukową i doświadczonymi organizatorami.

Marta Woźny – psycholog z Gdyni – w artykule zatytułowanym *Wolontariat – radość z dawania* pisze o swoich wrażeniach wyniesionych z pracy wykładowcy w Gdyńskim Uniwersytecie Trzeciego Wieku[2].

> Spotkania z seniorami są prawdziwym źródłem satysfakcji i powodem do dumy. Jak to miło słyszeć od swych słuchaczy, że wiedza i umiejętności przekazywane na zajęciach rzeczywiście dają wyniki. Krystyna Mochalska, studentka Gdyńskiego Uniwersytetu Trzeciego Wieku (GUTW) od początku jego istnienia, z entuzjazmem stwierdza, że dzięki wykładom i warsztatom nie tylko poszerza swoje wiadomości, ale ciągle czuje się młoda, bo nie ma czasu się starzeć.

Czym są Uniwersytety Trzeciego Wieku? Jak wiele innych rzeczy – pomysłem zrodzonym na Zachodzie, w krajach bogatych (zob. przypis 1). Tam właśnie – od przynajmniej czterdziestu lat – systematycznie wzrastała i wzrasta do dziś długość życia ludzi, objętych dobrą lub bardzo dobrą opieką zdrowotną, zajadających różnokolorowe sałatki przez okrągły rok, popijających gęste soczki z pudru zamrażanego nad brazylijską Amazonką. Wyższa stopa życiowa społeczeństw bogatych krajów starej Unii Europejskiej, dynamiczny rozwój techniki, wynalazki nie ograniczyły innych potrzeb przeciętnego obywatela kontynentu. Zwrócili na to uwagę światli ludzie działający w Organizacji Narodów Zjednoczonych.

W 1982 roku w *Międzynarodowym planie działania w kwestii starzenia się społeczeństw*, przyjętym przez Zgromadzenie Narodowe ONZ, wprowadzono następujący zapis:

---

zowania instytucji edukacyjnej, która polepszałaby kondycję umysłową i fizyczną osób starszych. Bazą do powołania instytucji miał być budynek i infrastruktura Uniwersytetu w Tuluzie. Realizację tego zamierzenia rozpoczął od zapoznania się z dostępną wiedzą z dziedziny gerontologii. Zebrał informacje na temat środowiska życia ludzi starszych, a szczególnie tych, których warunki życia były najcięższe. Zgromadzona wiedza pozwoliła mu rozpocząć w 1973 roku pierwszą sesję Uniwersytetu Trzeciego Wieku. Początkowo Uniwersytet nie miał ani jednego gerontologa, a zainteresowanie nie było zbyt duże (ok. 40 osób na pierwszym spotkaniu). Dopiero gdy do akcji zaczęli włączać się studenci, którzy witali przybywających, służyli im pomocą, zainteresowanie znacznie wzrosło. Do współpracy postanowiły przyłączyć się media, francuskie uczelnie, ministerstwo edukacji. Zob. WG Wikipedia – Wolna Encyklopedia, http://pl.wikipedia.org/wiki/Uniwersytetet_Trzeciego_Wieku.

[2] M. Woźny, *Wolontariat – radość z dawania*, „Gazeta Wyborcza" z 16 V 2009 r.

Instytucje państwowe, organizacje pozarządowe i środki masowego przekazu mogą podjąć starania, aby osoby starsze miały dostęp do wiedzy na różnym poziomie, aby nie musiały żyć z piętnem upośledzenia fizycznego i psychicznego, a także nie były pozbawione zadań i uznania w swoim środowisku.

Jak już nadmieniliśmy – ludzi starzejących się przybywa z roku na rok. Starzenie nie jest już traktowane jako warunek biologiczny, ale jako proces zachodzący w psychice ludzkiej. Dlatego też z początkiem lat 80., jak gdyby w odpowiedzi na „plan działania w kwestii starzenia się społeczeństw", specjaliści zachodni zaczęli debatować nad włączeniem osób starszych do systemu kształcenia ustawicznego. W debatach podkreślano znaczenie uczestnictwa kolejnych pokoleń emerytów w procesach zachodzących w społeczeństwie krajów coraz szybciej się rozwijających i wskazywano na konieczność aktualizacji wiedzy seniorów.

Osiąganie tego rodzaju celów jest możliwe jedynie dzięki zwiększeniu aktywności nie tylko intelektualnej, ale również psychicznej i fizycznej. W debatach nie zapomniano o potrzebach każdego człowieka, bez względu na jego wiek, takich jak:
– potrzeba bycia uznanym za część społeczeństwa (grupy);
– potrzeba poszerzania wiedzy i umiejętności;
– potrzeba samokształcenia;
– potrzeba poznawania środowiska;
– potrzeba uczestniczenia w użytecznych społecznie przedsięwzięciach;
– potrzeba wypełnienia wolnego czasu;
– potrzeba utrzymywania kontaktów towarzyskich, podtrzymywania więzi;
– potrzeba stymulacji psychicznej i fizycznej.

Ciągłe przemiany ekonomiczne, gospodarcze, postęp techniczny i ekonomiczny w naszym kraju sprawiły, że wiele osób z niektórych grup społecznych nierzadko musiało rezygnować z edukacji na rzecz pracy. Rezygnacja z młodzieńczych marzeń dla pogodzenia życia zawodowego z obowiązkami rodzinnymi nie oznacza jednak wyzbycia się na zawsze wyżej wymienionych potrzeb.

Jeszcze w czasach PRL-u (w 1982 r.) Uniwersytet Jagielloński w Krakowie podjął badania nad zaspokajaniem potrzeb intelektualnych i psychicznych starszego pokolenia, dzięki którym wprowadzono eksperymentalny program edukacyjny dla osób powyżej czterdziestego roku życia. Był to dobry początek do stworzenia modelu uniwersytetu, który da możliwość edukacji osobom o różnym profilu wykształcenia, wieku i o różnych doświadczeniach życiowych.

I stało się tak jak było zapisane w gwiazdach.

Wszyscy doskonale wiemy, że najważniejszy w każdym działaniu – nawet wspomaganym przez niebiosa – jest początek. Potem liczą się fakty.

Oto one.

Obecnie Uniwersytetów Trzeciego Wieku, według różnych szacunków, jest około stu czterdziestu, a słuchaczy – kilkanaście tysięcy. W samym Krakowie liczba uczestników zajęć w UTW zbliża się do dwu tysięcy! W stolicy naszego kraju mamy sześć znakomicie działających uniwersytetów[3]. Fundacja dla Uniwersytetu Jagiellońskiego w czerwcu 2009 roku rozpoczęła starania o zorganizowanie Międzynarodowego Kongresu AIUTA zaplanowanego na wrzesień 2012 roku w Krakowie[4]. Na stronach internetowych, blogach, w serwisach informacyjnych pojawiają się setki wypowiedzi i opinii studentów-seniorów o ich uczelniach w wielkich i mniejszych miastach oraz w nikomu nieznanych miasteczkach: w Gdyni, Łodzi, Lublinie, Wrocławiu, Białej Podlaskiej, Częstochowie, Lipnie, Mrągu, Rybniku, Słupsku, Strzelinie, Wejherowie.

Dzięki ludziom dobrej woli seniorzy mają gdzie rozwijać osobowość i swoje zainteresowania, tworzyć i umacniać więzi społeczne, uaktualniać zdobytą wcześniej wiedzę lub kompensować braki w posiadanym wykształceniu; brać udział w aktywnym życiu społecznym i... pobudzać szare komórki do twórczej aktywności (zob. tekst zatytułowany *Drzewa*, s. 27–28).

Warto przy okazji wspomnieć, że w ciągu ostatnich dziesięcioleci powstawały różne typy Uniwersytetów Trzeciego Wieku: jedne istniały w strukturach państwowych wyższych uczelni; inne powoływane były przez stowarzyszenia prowadzące działalność popularnonaukową (centra kultury, biblioteki), samorządy lokalne, ośrodki pomocy społecznej.

Wspomniany już Gdyński Uniwersytet Trzeciego Wieku jest jednym z nich. Jako przedsięwzięcie władz miejskich Gdyni, realizowane od 2004 roku, prowadzi działalność dydaktyczną: wykłady, seminaria, warsztaty z psychologii, historii, historii Gdyni, politologii, religii świata, polszczyzny pięknej i poprawnej, poezji, prozy współczesnej oraz praktyki (staże). W ofer-

---

[3] Są to: 1. Towarzystwo Uniwersytet Trzeciego Wieku im. Haliny Szwarc, 2. Towarzystwo Mokotowski Uniwersytet Trzeciego Wieku, 3. Mazowiecki Uniwersytet Trzeciego Wieku, 4. Uniwersytet Trzeciego Wieku im. Prezydenta Stanisława Wojciechowskiego, 5. Warszawski Uniwersytet Trzeciego Wieku, 6. Wawerskie Towarzystwo Uniwersytet Trzeciego Wieku.

[4] AIUTA – Międzynarodowe Stowarzyszenie Uniwersytetów Trzeciego Wieku z siedzibą we Francji, powołane w 1975 roku. Jego celem jest współpraca między Uniwersytetami Trzeciego Wieku na całym świecie oraz instytucjami edukacyjnymi. Stowarzyszenie pełni rolę eksperta w dziedzinie problemów gerontologicznych w różnych organizacjach międzynarodowych. Uznane m.in. przez Radę Europy.

cie uniwersytetu znajdują się również lektoraty z języków: angielskiego, fran-
cuskiego, niemieckiego, szwedzkiego, rosyjskiego i włoskiego.

Sztab siedemdziesięciorga wykładowców-wolontariuszy przygotowuje
seniorów do życia w nowej rzeczywistości – w świecie aktywności intelektualnej, twórczej, ruchowej; pełnym wyzwań i nowych możliwości. A ponieważ
wolontariusze-profesorowie nie patrzą na zegarki, słuchacze uniwersytetu
mają możliwość zadawania pytań wykładowcom po zajęciach lub uczestniczenia z nimi w dyskusjach poświęconych omawianej tematyce. Aż zazdrość
bierze, kiedy wspominamy lata studiów dziennych i bezszelestne opuszczanie
sal wykładowych po usłyszeniu mentorskiego sloganu: „To tyle na dzisiaj.
Do widzenia".

Dobre opinie o Uniwersytetach Trzeciego Wieku idą w świat dzięki In-
ternetowi. Również w codziennej prasie pojawiają się notatki, informacje,
artykuły o ich działalności. Zapewne niektórzy z was, a zwłaszcza zainteresowani seniorzy, mieszkający na terenie Częstochowy, ze zdumieniem zwrócili
uwagę na tzw. lid (pierwszy akapit artykułu wyróżniony drukiem) w jednym
z wydań „Gazety Wyborczej" (16 VI 2008):

> Częstochowskie uczelnie mają kłopoty z naborem. Są jednak szkoły
> wyższe, na które jest dwa razy więcej chętnych niż miejsc. To Uniwer-
> sytety Trzeciego Wieku. Właśnie zaczynają nowy rok akademicki.

W 2008 roku częstochowska uczelnia dla seniorów liczyła aż 650 słuchaczy. To ogromna liczba jak na warunki lokalne i możliwości finansowe tego miasta. Jednak piętnastoletnia tradycja nie pozwala na narzekania
i obniżanie wyznaczonej przez zarządzające kolegium poprzeczki. Pozostałe
uczelnie miasta nie ustępują tej największej: Politechnika Częstochowska ma
400 słuchaczy, niewiele mniej jest ich na Akademii Polonijnej.

Czym zająć starszych ludzi? Oto program proponowany przez jedną
z częstochowskich uczelni.

> W poniedziałek basen i tańce, we wtorek chór, w środę lektoraty
> z pięciu języków, w czwartek klub literacki. Piątek to wykłady, so-
> bota joga, a w niedzielę śpiewamy na mszy – wylicza jednym tchem
> Leokadia Chrząstek, studentka UTW przy politechnice. – Poza tym
> odwiedzamy tych, którzy są samotni albo przebywają w szpitalu. Prze-
> cież my, studenci, musimy się trzymać razem („Studenci studiują dla
> higieny umysłu", Gazeta Częstochowa", 16 X 2008, http://czestocho-
> wa.gazeta.pl).

W Częstochowie niektóre uczelnie dla seniorów proponują lektoraty języków obcych przez cały tydzień. Inne – choreoterapię, czyli leczenie przez taniec, basen, aerobik. Są również wykłady o tajemnicach ludzkiego mózgu, spotkania poświęcone racjonalnemu żywieniu, dyplomacji itd.

> Wszyscy potwierdzają, że zainteresowanie UTW z roku na rok rośnie, a słuchaczom ubywa lat. – Nasz uniwersytet określamy jako 50+ – mówi Joanna Górna. Mamy grupę młodych emerytów, ale to chyba dobrze, że nie siedzą w domach, szukają kontaktu z ludźmi i wiedzą. [...] Spotkania mają dla nas zupełnie inny wymiar – dodaje i opowiada, jak jeden z samotnych panów zjawił się kiedyś na zajęciach nieogolony i zaniedbany. Wystarczyła uwaga i teraz na każde spotkania przychodzi pachnący i w garniturze. – Tu tworzą się przyjaźnie, kojarzą się małżeństwa, nieformalne pary – śmieje się Jazłowiecka. – Bywa też, że po zajęciach jest wspólna herbatka albo grill u kogoś na działce ("Seniorzy studiują dla higieny umysłu", http://czestochowa.gazeta.pl).

Uniwersytety Trzeciego Wieku pobierają od słuchaczy opłaty. Zwykle 20–30 zł rocznie. Są to opłaty raczej symboliczne nawet dla tych, którzy czytali rządowy raport „Polska 2030" ogłoszony w „Gazecie Wyborczej" (19 VI 2009) i zwrócili uwagę na wniosek, **że Polacy na starość będą biedować**. Nie ma się jednak czego obawiać, na tak niskie opłaty będzie bowiem stać każdego obywatela oszczędzającego w chwiejących się filarach: pierwszym (ZUS), drugim (Otwarty Fundusz Emerytalny) i trzecim (Indywidualne Konto Emerytalne).

Oferta edukacyjna większości Uniwersytetów Trzeciego Wieku jest wszechstronna i zróżnicowania – zależnie od rodzaju placówki, w której dany uniwersytet się mieści. W większych miastach (Warszawa, Kraków, Wrocław) mamy, oczywiście, większe możliwości wyboru. Z niewielkimi oszczędnościami udajemy się na przykład do sekretariatu Uniwersytetu Trzeciego Wieku Politechniki Warszawskiej, proponującego zajęcia tym, którzy zakończyli okres działalności zawodowej i mają więcej niż pięćdziesiąt lat. Po złożeniu odpowiedniej deklaracji i wniesieniu ustalonej opłaty (tzw. wpisowego) oraz opłat za niektóre zajęcia – otrzymujemy status studenta. Dla umożliwienia działalności UTW Politechnika Warszawska udostępnia nieodpłatnie pomieszczenia i sprzęt do prowadzenia zajęć, zapewnia (również nieodpłatnie) obsługę administracyjną i finansową działań UTW, wspomaga finansowo jego konkretne działania.

Wykładowcami i prowadzącymi zajęcia w ramach Uniwersytetu Trzeciego Wieku są aktywni i emerytowani pracownicy Politechniki Warszawskiej i innych uczelni oraz osoby ze środowiska nauczycieli akademickich, jeżeli zapewniają prowadzenie zajęć na odpowiednim poziomie. Wykłady i zajęcia mogą również prowadzić sami słuchacze UTW.

Przejdźmy teraz do opinii o Uniwersytetach Trzeciego Wieku. Najbardziej wiarygodnym gronem opiniodawczym są ich słuchacze. Z analizy zgromadzonych przez nas materiałów wynika, że te nowe instytucje działają znakomicie. Wystarczy przejrzeć kilka stron internetowych. Władze miast, w których działają Uniwersytety, są pełne dumy, organizacje wspomagające – pełne zaangażowania popartego konkretnymi działaniami, a nie tylko słowami. Prasa opisuje to, co się dzieje u seniorów, dobierając do relacji z ich uniwersyteckiego życia niebanalne tytuły: *Zabawa trzech pokoleń*, *Na Trzecią Młodość*, *Trzeci etap życia*, *Jak dusza chce, ciało da radę*, *Seniorzy studiują dla higieny umysłu* itd.

A sami seniorzy? Zadowoleni, szczęśliwi z uczestnictwa w różnych programach Uniwersytetów, z możliwości kontaktu z ludźmi. Niezadowolonych jest mało albo nie ma ich wcale. W zajęciach biorą udział ci, których dusza czegoś pragnie, wdzięczni za każdy gest; ludzie o ciałach powleczonych „szlachetną patyną". Nasi znajomi, sąsiedzi, rodacy, których życie często nie rozpieszczało. Oddajmy im głos.

Czym jest dla mnie nasz Uniwersytet?

Każdy z nas miał swój rodzinny dom, który wspominamy i skąd wyrastały nasze korzenie. Później jednak dorastaliśmy. Coraz bardziej zadziwiał nas Wielki Świat. Po drodze spotykaliśmy i zmienialiśmy kolejne domy. Ta „uniwersytecka" sala, w której się spotykamy, jest wspaniała: przytulna i przyjemna, choć czasem rozkrzyczana. Gdy tylko przekraczam jej próg, zachwyca mnie; serce mi się otwiera, a dusza śpiewa jakieś melodie z młodszych lat. Bo gdy jako „starszy podlotek" z uśmiechem przychodzę, to mi się wydaje, że jestem znacznie młodszy i szczęśliwy. Głowa przestaje mnie boleć, cichnie „strzykanie" w kolanie i kręgosłup nie boli. Z mojego wnętrza dochodzi śpiew i opowiadanie, jakbym miał lat osiemnaście. Zmarszczki znikają, policzki zakwitają. Boże Ty mój, istne cuda! Wspaniałe są te przeżycia. Nigdy przedtem nie pomyślałem, że zbliżający się kres mojego życia z radością będę przeżywał. Znika samotność, bo z trosk swoich jest się komu zwierzyć, a w potrzebie pomogą ci „przyjazne dusze". Więc na twarzy – częstym gościem bywa uśmiech. I jest radośnie! To zasługa UNIWERSYTE-TU! Uniwersytetu, który jest moim kolejnym DOMEM.

Ryszard Gajdziński

(http://sutwslupsk.nazwa.pl)

Każde spotkanie przynosi mi wielką radość. Codziennie rano i wieczorem dziękuję za to, co dzieje się w moim życiu. Jestem wdzięczna za sposób na radość, dzięki Uniwersytetowi moje samopoczucie jest bardzo pozytywne... Pomimo że życie mnie nie rozpieszczało i nie rozpieszcza, to tu właśnie znajduję zapomnienie oraz ładuję swoje akumulatory pozytywną energią. Walory tych wykładów dla mnie są duże, bo są to wykłady, gdzie ja pogłębiam wiedzę na różne tematy, np. zdrowotne, czerpię ogromną wiedzę o historii mego miasta Słupska. Rozwijam przede wszystkim sferę ducha, pogłębiam intelekt, myślę. Uważam, że wiedza, którą zdobywam, jest dla mnie najwyższą wartością, pomimo wieku...

Teresa Markiewicz

(http://sutwslupsk.nazwa.pl)

Miło jest przebywać w grupie osób w moim wieku, a jeszcze pełnych energii do życia, mieć z nimi żywy kontakt. Daje mi to radość życia. Przeszłam na emeryturę „z konieczności", pełna sił witalnych. Nagle moje życie nabrało innego trybu, innego sensu – nad czym wcześniej nigdy się nie zastanawiałam. Zaczęłam szukać sensu życia poza pracą – na rzecz własnej rodziny. Stąd moja obecność w UTW. Obecnie moje życie traktuję jako wyzwanie do bycia szczęśliwym człowiekiem. Zaakceptowałam je takie, jakie jest, i ciągle powtarzam słowa pewnego filozofa: „Nie bój się życia swojego, bo tylko ty masz je przeżyć".

Maria Bogusławska

(http://sutwslupsk.nazwa.pl)

Z możliwości, jakie oferują Uniwersytety Trzeciego Wieku, są zadowoleni nie tylko seniorzy. Ich wnuczkowie również wyrażają radość z tego, że ich babcie lub dziadkowie przyczyniają się do obalania stereotypów.

Moja babcia uczęszcza na zajęcia komputerowe w Uniwersytecie Trzeciego Wieku. Umie obsługiwać Worda, pisze e-maile i szusuje po Internecie nie gorzej ode mnie. Obserwuje, jakie są nowości wydawnicze na rynku, czyta plotki i ploteczki o gwiazdach, czyta o interesujących ją tematach medycznych. Przez Internet poznała kilku znajomych z całej Polski, których nie poznałaby nigdy, bo nie miałaby takiej możliwości. Koniec ze stereotypem babci i dziadka, którzy nie wiedzą, do czego służy komputer!!!

Wnuczek(-czka)

Wnioski z powyżej zamieszczonych wypowiedzi nasuwają się same. Zdaniem niektórych socjologów, zajmujących się problemami spędzania wolnego czasu, emeryci jeszcze nie tak dawno byli wykluczeni z życia kulturalnego. Odbierali oni wydarzenia kulturalne jako skierowane głównie do młodych. Ponieważ w programach instytucji kulturalnych znajdowali niewiele dla siebie – zamykali się na świat w swoich domach, przy telewizorze, rodzinie; wypełniali czas codziennymi obowiązkami, takimi jak gotowanie, pranie czy opieka nad wnuczkami.

Uniwersytety prześcigające się w propozycjach programowych dały seniorom zupełnie coś innego. Poza spotkaniami towarzyskimi umożliwiają im nabywanie i pogłębianie wiedzy oraz rozrywki dostosowane do ich potrzeb[5].

Niebagatelną rolę w sukcesie Uniwersytetów Trzeciego Wieku odgrywa również prawie nienaruszony portfel emeryta. Symboliczne opłaty za studia i rozrywki pozwalają przecież każdemu seniorowi na uczestnictwo w zajęciach UTW.

Oprócz wymiernych korzyści intelektualnych, pobudzania do aktywności twórczej uniwersytety czynią cuda w jeszcze ważniejszym zakresie. Dają one – jak wskazują wypowiedzi słuchaczy UTW – uczucie spełnienia, uczestnictwa w czymś ważnym i wyzwalają głęboką radość z faktu bycia wśród innych.

Przywołajmy jeszcze raz wypowiedź Ryszarda Gajdzińskiego:

Znika samotność, bo z trosk swoich jest się komu zwierzyć, a w potrzebie pomogą ci „przyjazne dusze”.

Na zakończenie rozdziału przeczytajmy piękny tekst o ludziach starych, napisany przez słuchaczkę UTW Akademii im. Jana Długosza w Częstochowie – Elżbietę Jolantę Golę.

Drzewa

Mijając stare drzewa, zatrzymaj się na chwilę, popatrz na ich zgrubiałą korę, pień pokryty bliznami o pięknej, łacińskiej nazwie – *callus*, które przywodzą na myśl usta otwarte do krzyku, które ktoś zacałował, by utulić wielki żal.

---

[5] Adresatów porad w rozdziale drugim ograniczyłyśmy do tych, którzy mieszkają w większych miastach. Ci, którzy mieszkają w małych miejscowościach, mogą nawiązać kontakt internetowy z Korespondencyjnym Uniwersytetem Trzeciego Wieku (KUTWIEK). Na stronie www.senior.pl można znaleźć wiele propozycji, porozmawiać na forum internetowym, pokazać swoje zdjęcia innym, założyć własny blog, zdobyć wiele ciekawych informacji. Spróbujcie!

Wiekowe drzewa są jak starsi ludzie, noszący w sercu niezagojone rany i gładkie już blizny, ale mimo to wciąż gotowe wypuszczać do słońca nowe, młode pędy.

Ogromne drzewa dobrze się czują w towarzystwie młodych drzewek, a nawet sadzonek, bo ich bujna zieleń także im dodaje uroku. Czasem, w szczelinie kory, wykiełkuje nasionko, niesione wiatrem lub zagubione przez pyszniącą się rudą kitką wiewiórkę. Wtedy stare drzewo głośno szumi koroną gałęzi, z dumy i wzruszenia.

Jesteśmy tak podobni do drzew młodych i starych. Niektóre łatwo się łamią; obgryzają je sarny, ranią dziki. Inne stoją niewzruszone, broniąc się przed szkodnikami gładką, szczelną korą, i wyrastają na olbrzymy, otaczane podziwem i szacunkiem. Nabierając szlachetnej patyny, zyskują po latach, kute ogrodzenie z napisem – „Pomnik przyrody – pod ochroną".

Ludziom też przydałaby się taka szczególna tabliczka: „Nie wzruszać zbyt mocno, bo serce pęknie, ochraniać i trzymać w cieple" (http://www.utw.ajd.czest.pl/index).

Dodajmy do tego hymnu na cześć starego człowieka cytat z *Wiosny* H. C. Andersena, by przejść do następnego rozdziału z poczuciem przywróconej nadziei, optymizmem, z dobrą myślą po wysłuchaniu tylu rad, pochwał i zachwytów.

I stary człowiek w jesieni życia swego ma chwile, w których serce jego śni o wiośnie.

Rozdział trzeci

W zdrowym ciele zdrowy duch. Tai-chi

Wewnątrz każdego starego człowieka tkwi młody człowiek
i nie każdy stary człowiek dziwi się, że zaczyna czuć się jak młody.

Przejeżdżając bardzo wcześnie rano przez zamglony Pekin, nie sposób nie zauważyć nerwowości, niezdrowej ruchliwości milionów Chińczyków. Wszyscy gdzieś pędzą. Ulice tej metropolii to przerażające mrowisko ludzi wbitych w fotele aut bądź autobusów. Szalejący hałas budzi przerażenie, lęk, stres. Zastanawiamy się, jak można tutaj żyć?!

W parkach – odpowiada europejski Chińczyk. Proszę zobaczyć, ile milionów moich rodaków pojawia się w nich już o świcie. Młodzi, w średnim wieku i starzy. Z niesamowitym spokojem zaczynają wykonywać swe powolne ruchy, pełne gracji, jakby przygotowywali się do występu w Teatrze Baletu Tai-chi. W ten sposób zapominają o ciągłym stresie wielkich miast, o cywilizacji, o schorzeniach, bólu, chorobach. Przychodzą do parków, aby się nie spieszyć, aby pozbyć się wrzodów żołądka, nerwic, polepszyć krążenie krwi, odmłodnieć. Te tłumy Chińczyków dbających o zdrowie przyciągają wzrok tanecznymi ruchami. Jest w nich jakiś wielki sens i moc.

O tym, że utrzymanie odpowiedniej kondycji umysłowej i fizycznej jest bardzo ważne w każdym wieku, coraz głośniej rozprawiają prawie wszyscy: lekarze, psychologowie, psychiatrzy, specjaliści z opieki zdrowotnej, wróżki oraz sami seniorzy. Kiedy już zostaliśmy emerytami i możemy cieszyć się wolnym czasem, pomyślmy o swoim ciele, które powinno być zadbane, a organizm zdrowy, silny, odporny. Jeśli spełnimy ten warunek, zdrowy duch nie będzie miał ochoty opuścić naszych członków. Zadomowi się na kilkanaście lat; nastawi się na współdziałanie i współpracę z naszym ciałem. Zdrowego ciała nie przystoi przecież atakować.

Twórcy strony **www.senior.pl** radzą, jak zachować kondycję umysłową i fizyczną. Te proste rady mogą dotyczyć każdego: młodego lub starszego człowieka, pracującego zawodowo i odpoczywającego na emeryturze, profesora lub kasjera supermarketu.

Przeczytajcie je uważnie.

Ćwiczenia fizyczne

Wystarczy już 30 minut dziennie jakichkolwiek ćwiczeń, by przedłużyć sobie życie i zapobiec wielu chorobom. Dobrym rozwiązaniem jest codzienny spacer lub jogging. Dzięki codziennemu ruchowi nie tylko polepszysz bystrość umysłu, ale również zredukujesz ryzyko wystąpienia nadciśnienia, wylewu lub innych chorób, które na ciebie czyhają.

Aktywność umysłowa

Staraj się ciągle stymulować swój mózg do działania, a znacznie poprawi się twoja zdolność rozwiązywania problemów i analitycznego myślenia. Spróbuj rozwiązywać krzyżówki, pisać teksty, grać w szachy lub czytać coś, co cię interesuje.

Komunikacja z ludźmi

Jako istoty społeczne ludzie potrzebują kontaktów z innymi do zachowania ostrości umysłu. Otwarcie na inne osoby i dzielenie się uczuciami z przyjaciółmi lub współmałżonkiem pozwolą ci na utrzymanie bystrości umysłu. Badania pokazują, że ludzie, którzy komunikują się z otoczeniem i ufają mu, są szczęśliwsi i zdrowsi. Zacznij więc rozmawiać! Po co gryźć się samemu w ciasnym pokoiku w bloku z prefabrykatów czy w nowobogackim salonie z kominkiem?

Alkohol, używki, środki nasenne

Nie jesteś już pierwszej młodości, drogi seniorze. Zredukuj ilość spożywanego alkoholu i unikaj zarówno używek, jak i środków nasennych przechowywanych w kuchennych szafkach. Używki mają bardzo negatywny wpływ na mózg, a stosowanie ich w nadmiarze może doprowadzić do nieodwracalnych zmian w twoim organizmie lub nawet śmierci.

Stres

Nie poddawaj się wzmożonemu napięciu organizmu, nie denerwuj się, omijaj z daleka negatywne bodźce fizyczne i psychiczne oraz radioaktywnych znajomych o konfliktowym charakterze. Nie pozwalaj, by stres miał na ciebie zły wpływ. Stres może być przyczyną załamania psychicznego oraz wywołać depresję. Naucz się go pokonywać, zanim on pokona ciebie. Zapisz się na lekcje jogi, medytacji, **kurs tai-chi**. Jeśli w twoim spokojnym życiu emeryta pojawi się niespodziewanie **stres**, choćby na chwilę, znajdź szybko najprostsze zajęcie, które ułatwi ci pozbycie się tego nieproszonego gościa. Przed tobą jeszcze osiem rozdziałów przewodnika. Sięgnij do niego we właściwym momencie.

Jedzenie

To, co jesz, ma bezpośredni wpływ na twoją kondycję fizyczną i umysłową; staraj się odżywiać zdrowo. Jeśli na rynku jest coraz mniej warzyw sezonowych, jedz kapustę kiszoną pod różnymi postaciami, marchewkę, ćwikłę, a nawet chrzan, zamiast kilogramów kiełbasy jałowcowej z frytkami.

Odpoczynek

Staraj się spać co najmniej osiem godzin na dobę. Odpowiednia ilość i jakość snu polepszy twoją odporność na choroby i wpłynie pozytywnie na kondycję umysłową i fizyczną. Nocne filmy nagrywaj na płyty DVD lub wideo i oglądaj następnego dnia.

Styl życia

Zmień priorytety, którymi do tej pory były: brak aktywności i papierosy. Wyeliminuj negatywne przyzwyczajenia i upewnij się, że robisz to, co sprawia ci największą radość i nie niszczy twego zdrowia.

Nastawienie do życia

Pamiętaj, że twoje życie zależy od ciebie. Istotne jest, abyś był/a do niego pozytywnie nastawiony/a i zdawał/a sobie sprawę, że życie ma pewien sens. Staraj się działać racjonalnie!

Czy nie uważacie, że spełnienie tych dziewięciorga przykazań wydłuży ZUS-owi obowiązek wypłacania nam comiesięcznych świadczeń emerytalnych o kilka, a nawet kilkanaście lat? Wtedy dorównamy Islandczykom, którzy po Amerykanach należą do najdłużej żyjących narodów w Europie. Dlaczego właśnie Islandczycy? Między innym dlatego, że wykonują swoją pracę tak długo, jak to możliwe. Starsze pokolenie jest przekonane, że aktywność jest esencją dobrego samopoczucia. A poza tym?

Jak uważają naukowcy, kluczem do długowieczności Islandczyków jest harmonia między ciałem i duszą. Mimo przeciwności losu przeciętny Islandczyk nie pozwala swojej duszy cierpieć. Aby tego dokonać, zwraca się ku jasnym stronom życia. To proste działanie pozwala na swobodne wydobycie się optymizmu człowieka spod przytłaczającego dywanu myśli! Świadomość obecności innych światów – poza ziemskim – przynosi duszy ulgę. Warto o tym pamiętać!

Z takim nastawieniem łatwiej przygotować się do wszystkiego, co życie ma nam jeszcze do zaoferowania.

Ale, ale... – Nie jesteśmy, niestety, Islandczykami. Żyjemy w nieco innej rzeczywistości. U nas jest wyznacznik starości i to bardzo konkretny. Ktoś, kto ma 65–70 lat uważany jest za osobę starszą, siedemdziesięciopięciolatka uznaje się za starego. Współczesna cywilizacja nie lubi starości. Może dlatego, że sami nie lubimy tych, którzy obnoszą się ze zmarszczkami, nieregularnymi fałdami na ciele, chorobami, cierpieniem, depresją, narzekają na bóle lub strzykanie w krzyżach. Tę niechęć odczuwa się najczęściej na plaży, w środkach lokomocji miejskiej, na spotkaniach towarzyskich. Nierzadko słyszy się z ust ludzi młodych lakoniczną opinię o miejscach uczęszczanych przez seniorów: „to miejsce dla staruchów" albo „tu są same staruchy". Również środki masowego przekazu nie palą się do pokazywania nas – ludzi starych, czasem schorowanych lub cierpiących.

Kiedy przekroczymy ustalony wyznacznik starości – najlepiej byłoby zniknąć ze sceny publicznej. Zamknąć się w czterech ścianach i zająć robótkami ręcznymi, przewijaniem maluchów, uprawianiem pietruszki na miniaturowych działkach pozostawionych nam przez socjalizm. Albo pozwolić duszy cierpieć.

Nie mamy wątpliwości, że brak zrozumienia starości, głównie wśród młodego pokolenia, zawdzięczamy środkom masowego przekazu. Społeczeństwo zaś nie oczekuje pod tym względem żadnych zmian od wszechobecnej w naszym życiu telewizji. Młodsze pokolenia hołdują zasadzie: czego oczy nie widzą, tego duszy nie żal.

Nie będziemy z nikim ani z niczym walczyć, gdyż wychodzimy z założenia, że największy wróg, którego musimy pokonać, tkwi w nas. A poza tym starość jest zjawiskiem bardzo indywidualnym i zależnym od wielu czynników. Słuchając dobrych rad, każdy z nas, indywidualnie, wyznaczy sobie za cel zajęcie innego miejsca niż to, które zwyczajowo zostało mu przydzielone w hierarchii życia społecznego.

Przesłaniem niechaj będą słowa otwierające niniejszy rozdział:

> Wewnątrz każdego starego człowieka tkwi młody człowiek i nie każdy stary człowiek dziwi się, że zaczyna czuć się jak młody.

A zatem – wyłączmy, przynajmniej na jeden dzień, wszystkie propagandowe kanały telewizyjne, a potem wybierzmy dowolną kasetę (spis tytułów poniżej) i zapytajmy jak najgrzeczniej naszego wnuczka, jak się obsługuje odtwarzacz DVD.

Pomysł wsunięcia płytki do odtwarzacza będzie doskonałą motywacją do zastanowienia się nad tym, czy warto poprawić swój stan zdrowia, zrelaksować ciało i umysł, stać się pogodniejszym, spokojniejszym, silniejszym, młodszym, piękniejszym ciałem i duchem.

Filmy i książki dotyczące tai-chi

Tai-chi – głęboki relaks

DVD – film instruktażowy, rok wydania – 2003, 60 minut, kolorowy.

Głęboka relaksacja, łatwy sposób na odprężenie i poczucie przepływu energii wewnętrznej przez dłonie. Niezwykle proste ruchy, które służą uspokojeniu i wyciszeniu umysłu oraz wejściu w praktykę mediacyjną.

Tai-chi – poziom podstawowy i średni

DVD x 2 – film instruktażowy, rok wydania – 2002, kolorowy, polska wersja językowa.

Zestaw łatwych ćwiczeń, znanych jako styl Yang. Kurs prowadzony przez doświadczoną Claire Horton, uczennicę wielkiego mistrza Cheng Man––Ch'ing.

Tai-chi dla ciała – wyciszenie, regeneracja, wzmocnienie

DVD – film instruktażowy, rok wydania – 2004.

David Carradine przedstawia zestawy ćwiczeń, których celem jest rozciąganie mięśni, ścięgien i więzadeł. Instruuje nas, jak ulepszyć technikę oddychania i dopływu tlenu do organizmu. Kilka ćwiczeń powinno nam pomóc w koordynacji ruchów oraz wzmocnieniu przepływu energii.

Tai-chi dla umysłu – koncentracja, odprężenie, odmłodzenie

DVD – film instruktażowy, rok wydania – 2004, 40 minut, kolorowy, polska wersja językowa.

Ten sam instruktor przedstawia zestawy ćwiczeń, które powinny usunąć czynniki powodujące napięcie mięśni i ich sztywność. Ćwiczenia w całości poświęcone uelastycznianiu ciała.

Tai-chi: najwyższa wyjątkowa siła

DVD – film instruktażowy, rok wydania – 2007, 50 minut, kolorowy.
Kombinacja ruchomej Yogi z chińską koncepcją równowagi Yin-Yang.

Trzynaście rozpraw o tai-chi chuan

Autor: **Cheng Man Ching**.
Wydawnictwo Medium, rok wydania – 2009.
Rozprawy mistrza dyscypliny Cheng Man Ching dla wtajemniczonych.
Książka dostępna na stronie internetowej wydawnictwa.

Jeśli jeden z tych krótkich, instruktażowych filmów zainteresuje cię – niepotrzebny nikomu staruszku – pamiętaj, że pełne odświeżenie ciała i umysłu, które się wzajemnie uzupełniają, jest możliwe wyłącznie dzięki regularnej praktyce[6]!

Szybko nabądź na jednym z wielu targowisk – rozsianych jak Polska długa i szeroka – różnokolorowe tekstylia z chińskiego importu (obuwie z płaską, nieśliską podeszwą, koszulkę, bluzę) i zapisz się do Stowarzyszenia Taoistycznego Tai-Chi (STTC, http://www.taichi.pl).

STTC w Polsce to instytucja nienastawiona na zysk. Jest jednym z dwudziestu pięciu towarzystw działających na świecie, które prawie za darmo promują system tradycyjnych ćwiczeń, mających korzenie w taoistycznej sztuce zdrowia.

Płynne, wytworne, subtelne i delikatne ruchy Tai-Chi to nie tylko uciecha dla oka, ale również swoisty rodzaj medytacji w ruchu. Laicy, pasjonaci azjatyckiej relaksacji, zestresowani życiem (po)zawodowym, cierpiący na przykład z powodu reumatoidalnego zapalenia stawu kolanowego[7], znudzeni

---

[6] Wstrzemięźliwych w wydawaniu pieniędzy odsyłamy do strony http://video.google.pl/videosearch, na której można znaleźć wiele filmów na ten temat. Wystarczy wpisać w wyszukiwarce tai-chi.

[7] Tai-chi pomaga zmniejszyć ból kolan u osób z reumatoidalnym zapaleniem stawów – czytamy w amerykańskich pismach dla kobiet. Naukowcy uniwersytetu w Nowym Jorku zaproponowali niewielkiej liczbie osób cierpiących na to schorzenie codzienne i regularne wykonywanie figur i układów tai-chi przez dwie godziny. Pacjenci wykonywali zadane przez ekipę badawczą taoistyczne ćwiczenia w ciągu trzech tygodni. Po upływie tego czasu okazało się, że dzięki nim wyraźnie zredukowano u chorych ból, a możliwości wykonywania ruchu znacznie się poprawiły.

szarą codziennością mogą zgłosić się do jednego z oddziałów Stowarzyszenia w następujących miastach: Kraków, Kutno, Łódź, Olsztyn, Opole, Piotrków Trybunalski, Płock, Poznań, Radom, Warszawa, Wrocław. **Wiek nie ma tutaj żadnego znaczenia!** Wystarczy uiścić składkę członkowską w wysokości 75 zł na kwartał, by zostać członkiem Stowarzyszenia z prawem do udziału w zajęciach.

Spotkanie z pracownikami Stowarzyszenia to duża przyjemność. Są mili, zrelaksowani, otwarci na ludzi. Zwykle są to wolontariusze wykonujący obowiązki instruktorów. Od nich dowiemy się wszystkiego. Kiedy i gdzie odbywają się zajęcia, co trzeba przygotować na pierwszy seans itd. Niezastąpionym źródłem informacji jest Internet. Na stronie Stowarzyszenia (http://www.taichi.pl) znajdziemy wiele ciekawych i praktycznych informacji, np. o zajęciach.

Nie musimy niczego pamiętać oraz notować. Wieczorem dokonujemy bilansu naszego zdrowia z niniejszym poradnikiem w ręku, bo już za chwilę zobaczymy, co możemy podleczyć, co zaleczyć, co wyleczyć; jakie korzyści popłyną z podjętego przez nas postanowienia o włączeniu się w rytm życia praktykujących tai-chi. Postanowienia ważnego, bo związanego z utrzymaniem odpowiedniej formy fizycznej i psychicznej, optymalizowania funkcji całego ciała, wszystkich układów, organów i tkanek. Może ono okazać się postanowieniem słusznym, trafnym lub spóźnionym; nigdy zaś „poronionym", bowiem – bez względu na rezultaty – warto przedsięwziąć wszelkie kroki, by powiedzieć nieprzyjemnym doznaniom naszego ciała, czyli cierpieniu, „stop!", i poczuć się na nowo młodym.

Korzyści dla różnych układów: mięśniowego, kostnego, oddechowego, krążenia itd.

- doskonalenie ciała i umysłu;
- poprawa koordynacji ruchów;
- łagodzenie bólu pleców;
- oczyszczanie umysłu z natłoku niepotrzebnych myśli;
- odczuwanie rozluźnienia ociężałego korpusu;
- opanowanie artretyzmu: bólu, poczucia sztywności w stawach;
- polepszenie ruchomości stawów,
- polepszenie, a nawet zwiększenie koncentracji użytkowej i tzw. koncentracji świadomości;

- poprawa krążenia;
- powrót do normalnej równowagi ciała;
- powrót do głębszej koncentracji;
- pozbywanie się bólu głowy;
- pozbywanie się bólu żołądka;
- przywracanie siły;
- redukowanie napięcia;
- redukowanie stresu;
- synchronizacja medytacyjnych technik oddechowych;
- uelastycznianie mięśni;
- uelastycznienie stawów;
- ułatwianie pracy nóg i całego ciała;
- unormowanie przemiany materii;
- uwalnianie się od napięć w mięśniach, więzadłach i ścięgnach;
- wspomaganie krążenia krwi;
- wspomaganie regulacji oddechu;
- wyciszanie układu nerwowego;
- wyrównywanie ciśnienia krwi;
- zwiększanie w organizmie przyswajalności tlenu;
- zwiększanie miękkości ruchu;
- zwiększanie wytrzymałości stawów.

Aż nie chce się wierzyć, że tak wiele schorzeń można podleczyć w jednym miejscu i... bez udziału Narodowego Funduszu Zdrowia. Za jedyne 75 złotych kwartalnie!

Na zakończenie kilka słów o cudownych ćwiczeniach ruchowych tai-chi, które doskonalą, łagodzą, uwalniają, normują, redukują, polepszają, oczyszczają, wspomagają ciało i duszę. Każdy ruch składa się z dwu faz. Pierwsza faza to ruch pasywny, polegający na przeniesieniu ciężaru ciała na nogę wysuniętą do tyłu i wykonaniu wdechu. Ruch aktywny, czyli druga faza, to przeniesienie ciężaru ciała do przodu i wykonanie wydechu. Jest to tak zwana zasada cyklicznej dwubiegunowości. Kolejne ruchy wykonywane w trakcie ćwiczeń przypominają ruchy człowieka płynącego w akwenie wodnym. Ćwiczący powoli nabiera poczucia utraty wagi ciała i ma wrażenie, jakby otaczająca go przestrzeń stawiała opór. W tym samym czasie ręce poruszają się wolno i naśladują ruchy płynącego.

Połączeniem ruchów gimnastycznych z oddechami i mediacją (koncentracją świadomości) harmonizujemy krążącą wewnątrz nas energię. Oddech odczuwamy w całym ciele. Z każdym ruchem współdziałają oczy.

Wszystkie te powolne, płynne, a z estetycznego punktu widzenia piękne ruchy rąk i nóg wymagają wewnętrznego skupienia i kontrolowania miejsca, z którego wychodzą (tzw. środek ciężkości). Wtedy odczuwamy równowagę. Przedłużanie skupienia prowadzi do uspokojenia umysłu. Już po pierwszym seansie wracamy do domu pogodniejsi, spokojniejsi, silniejsi, młodsi.

Zrelaksowani walką o przekroczenie granicy ciała, oddajemy się lekturze kolejnego rozdziału poradnika.

Rozdział czwarty

Relaksacja i medytacja

Stary człowiek – to niekoniecznie sąsiad,
którego nie słychać zza ściany.

Tai-chi to połączenie ćwiczeń fizycznych z zagłębianiem się w myślach, czyli medytacją, a na emeryturze medytować możemy do woli. Dysponujemy przecież dużą ilością wolnego czasu. Poza tym kurs tai-chi zajmie nam tylko dwa niewielkie wieczory w tygodniu. Co robić podczas pięciu długich dni tygodnia po zapadnięciu zmroku? Można relaksować się i medytować.

Czasownik „relaksować się" ma swoje synonimy: odpoczywać, odprężać się; „medytować" oznacza zaś: „rozważać coś głęboko, rozmyślać, zastanawiać się nad czymś". Relaksując się, można medytować, i medytując, można się relaksować. Połączmy zatem jedną czynność z drugą, co nam da medytację relaksacyjną.

Szczerze mówiąc, my, ludzie w podeszłym wieku, nie powinniśmy się przejmować terminologią. Wszystkie porady mają na celu jedno: mamy się bawić i oczekiwać satysfakcji z tej zabawy. Tę myśl wpisaliśmy przecież w koncepcję niniejszego przewodnika.

Jeśli przyjemność płynąca z rad okaże się pod jakimkolwiek względem problematyczna, nie korzystajmy z nich, bo satysfakcja na emeryturze powinna być niekłamana i głęboka.

Szybki sposób na relaks

Głęboka relaksacja – jak piszą specjaliści z tej dziedziny – to stan z pogranicza snu. Nasze ciało zostaje pozbawione energii, a szum, szmer, stukot, głos, świst, na przykład ujadanie psa sąsiada za oknami, powoli się wytłumia. Jedynie nasz umysł się rozbudza.

Przyzwyczajony do tego, aby wciąż myśleć – myśli, nawet wtedy, gdy „zajmujemy się" odpoczywaniem.

Bez względu na to, czy to jest potrzeba wzmocnienia silnej woli, czy też kołatanie czegoś nieokreślonego w głowie, która sprawia wrażenie „pustej", czy chęć opanowania lub rozładowania negatywnych emocji i poprawy nastroju, albo konieczność wykazania za dwa dni większej pewności siebie w rozmowie z kimś ważnym, zastosujmy proponowany poniżej sposób na szybki relaks.

Sprawmy, aby stało się coś innego. Nie przeprowadzajmy dialogów w pojedynkę. Po co? Zostawmy je na następny dzień, na później. Zawsze nadarza się okazja spotkania kogoś pod drodze do sklepu lub apteki i możliwość porozmawiania o wszystkim i o niczym. Niechaj kołaczące myśli o niezapłaconym rachunku, złych ocenach wnuczki z fizyki, źle funkcjonującym zestawie hi-fi **czekają**. Bądźmy konsekwentni! Zatrzymajmy ten ważny moment, który musimy rozłożyć w czasie. Na dwadzieścia, trzydzieści minut... Za dwa dni powtórzmy eksperyment.

Podczas procesu nie-myślenia czasami pojawi się jakaś myśl. No i co? Nie skupiajmy się na niej, a wtedy ona się wyciszy, jak jazgot ujadającego psa, który już nie denerwuje, nie ma znaczenia; po prostu – nie wywiera na nas żadnego wpływu. To zupełnie tak jak w mitycznej karawanie, która ciągnie dalej, choć psy szczekają...

Bardzo miłe uczucie, dzięki któremu szybciej osiągamy cel.

Relaks dźwiękowy

Działka, ogródek na ostatnią część życia – to coś wspaniałego. Jeśli nie mamy skrawka ziemi, róbmy wszystko, aby go mieć, na przykład wydzierżawmy go!

Nie możemy zasnąć wieczorem? Pomedytujmy nad jutrzejszym dniem. Rano musimy wstać, wziąć laskę albo kapelusz i wyjść z domu. I tak codziennie, od wczesnej wiosny do późnej jesieni.

Na działce nawiązuje się znajomości, przyjaźnie. Obojętnie, czy jesteśmy działkowiczami od tygodnia czy wielu lat – zawsze ktoś o coś zapyta, nawiąże pierwszy kontakt, i co najmilsze, każdy z przechodzących po tym ogrodzonym terenie, powita nas zwyczajowym dzień dobry. Zapyta, co słychać. Opowie o swojej altanie, którą już zaczął sprzątać, o werandzie, którą już wymył, o ilości grządek skopanych lub wciąż zachwaszczonych.

Potem będą problemy z gąsienicami, larwami i ich wspólne rozwiązywanie, pokazywanie nowych odmian kwiatów, smakowanie ruccoli, chrupanie rzodkiewek, ze znajomymi i nieznajomymi, wspólne grillowanie.

Czy to naprawdę możliwe? Tak. To jest zupełnie możliwe, bo **na działkach ludzie są lepsi**. Odpowiadają na pozdrowienia, nie kłócą się, nie mają nadętych min, nie plotkują.

Jak wspaniale można spędzić dzień w takim otoczeniu, gdzie słychać tylko odgłosy natury: szum liści, powiew wiatru, ciszę poranka, brzęczenie pszczół i lot motyli. Uciążliwe, nieprzyjemne, dokuczliwe, szkodliwe, niepożądane dla ucha hałasy i wibracje nie istnieją. Pisk opon, klaksony, sygnały wozów policyjnych, karetki, straży, dudnienie pociągu, dźwięki dzwonków, „muzykę" telefonów komórkowych, trzaskające drzwi – wszelkie hałasy impulsowe pozostawiamy na wieczór.

Powrót do domu jest jednak nieuchronny. Po tak cudownie spędzonym dniu ogarnia nas zmęczenie. Myślimy tylko o jednym – spokojnym śnie. Wycisza się hałas, który nas wczoraj drażnił i nie pozwalał zasnąć. Zasypiamy w świecie dźwięków „wykradzionych" naturze i zabranych ze sobą do domu.

Relaks estetyczny

Emerytura to okres, w którym budzimy się rano z przekonaniem, że dysponujemy bezwarunkowo własnym czasem. Możemy w myślach układać plany, których nigdy nie zrealizujemy lub będziemy odkładać na jutro, pojutrze, na następny tydzień. Będą również takie, które zaczniemy urzeczywistniać, na przykład naukę rysowania lub malowania z przekonaniem, że na naukę nigdy nie jest za późno.

Prawdę mówiąc, to żadna nauka, to raczej forma spędzania wolnego czasu połączona z przyjemnością estetyczną. To również znakomity sposób na samotność. W atelier stoimy przy sztalugach obok drugiego człowieka o podobnych zainteresowaniach. Tworząc, możemy rozmawiać, podpatrywać, wymienić myśli, dzielić się pomysłami i rozkoszować się pięknem. Nigdy nie będziemy używać tych dwóch rzeczowników „piękno" i „brzydota" tak często, jak tutaj – w atelier. Oczywiście w życiu zwracaliśmy uwagę na to, co piękne, i na to, co brzydkie. Posługiwaliśmy się tymi terminami, nie zastanawiając się, dlaczego pojęciu piękna towarzyszy zawsze pojęcie brzydoty.

Przy sztalugach, pod okiem doświadczonego nauczyciela rysunków – na stojąco lub siedząco – uczmy się nowego spojrzenia na naturę i przenoszenia jej na karton. Aby tego dokonać, musimy uwzględnić pewien układ kompozycyjny, kolory, proporcje światła i cienia. Musimy też poznać podstawowe techniki malowania akwarelami, pastelami, farbami olejnymi czy też akrylowymi. Wszystko po to, by stworzyć piękną kompozycję.

Ci, którzy prowadzą kursy rysowania i malowania, są zgodni w tym, że do rozwijania tego hobby zdolności nie są konieczne. Wystarczy sama chęć tworzenia: rysować i malować mogą więc wszyscy – od dziecka do seniora.

Obcowanie z twórczością może okazać się tym, czego od dawna szukaliśmy – inteligentnym i kształcącym sposobem spędzenia wolnego czasu. Jak wynika ze statystyk – coraz więcej ludzi szuka spokoju w tego rodzaju twórczości. Na to zapotrzebowanie społeczne odpowiedziały szybko różne kluby, pracownie artystyczne, domy kultury, portale internetowe (ESKK, AktywniSingle.pl), niektóre szkoły oraz uniwersytety.

Zarządzający Uniwersytetem Techniczno-Przemysłowym (UTP) w Bydgoszczy na stronach WWW uczelni informują o nowym pomyśle:

> Marzysz, aby nauczyć się malować i rysować? Zgłoś się na UTP. Uczelnia ma nowy pomysł: otworzy Akademię Sztuki Użytkowej dla wszystkich – od gimnazjalistów do seniorów.

Europejska Szkoła Kształcenia Korespondencyjnego (ESKK) zachęca w swojej Akademii Rysunku do podejmowania nauki z materiałów, w których opisano zasady rysowania. Krok po kroku zainteresowany może zapoznać się z podstawami tej sztuki i jednocześnie poszerzyć znajomość słownictwa specjalistycznego. Program kursu wydaje się na tyle interesujący, że proponujemy choćby pobieżne przejrzenie stron internetowych ESKK (http://eskk. pl; w rubryce *szukaj* wpisz: akademia rysunku).

Jeśli myślicie, że metoda ta będzie odpowiadać Waszej psychice – spróbujcie i sprawdźcie się! Pamiętajcie, że w każdym człowieku tkwią ukryte możliwości, a niektóre z nich wypływają dopiero po przejściu do ostatniej kategorii wiekowej.

To może być kolejny etap w naszym życiu – malowanie dla siebie. Sen życia przez wyrażenie siebie samego, swoich pragnień, uczuć, emocji w kolorowym świecie farb; gwaszu, tuszy, pasteli, akwareli, tempery.

Relaks przez muzykę

Są takie dni, kiedy czujemy się źle. Boimy się czegoś nieokreślonego, przeraża nas widmo nieustającego starzenia się. Wykorzystaliśmy już wszystkie znane i proponowane metody relaksacji. Wyłączmy swoje przekaźniki myśli. Nastawmy jedną ze starych płyt gramofonowych lub wsuńmy do odtwarzacza płytę kompaktową z muzyką. Ulubiona, spokojna, kojąca muzyka płynąca z kąta pokoju przywróci i zwiększy nasze poczucie bezpieczeństwa. Nie myślmy, skupmy się na dźwiękach. Wyciszmy umysł. Świat muzyki jest pełen wewnętrznego spokoju, harmonii, klasycznego piękna (np. kompozycje Szopena, muzyka filmowa), co sprawia, że rodzą się w nas przeróżne błogie i subtelne doznania, oddalające uciążliwy chaos myśli. Połączmy te dźwięki z obrazami z życia. Tymi pięknymi.

W niektórych społeczeństwach nieskażonych cywilizacją muzyka rytmiczna ma olbrzymie znaczenie. Słuchający, poprzez rytmiczne dźwięki, wzmacniają własną energię życiową; „wchodzą" w kontakt ze światem natury, równoważą świat ducha i materii, osiągają stan zwiększonej koncentracji, jednym słowem – otwierają lepszą część swego serca.

Dlaczego członkowie tych społeczeństw nie potrafią żyć bez muzyki, tańca, rytuałów? Bo muzyka czyni cuda: poprawia stosunki międzyludzkie, zmniejsza nadpobudliwość, nieufność do świata i ludzi, uspokaja, rozluźnia, poprawia nastrój, dostarcza człowiekowi przyjemnych wrażeń; czyni nawet szare, przeciętne życie piękniejszym. Ponadto za pośrednictwem muzyki człowiek pokazuje swoją osobowość, uzewnętrzniając ukryte uczucia. Muzyka wzmaga pozytywne podejście do życia.

My, emeryci – pozbawieni szefów, kierowników, dyrektorów zwykłych i naczelnych, którzy często w okresie aktywności zawodowej podpowiadali nam, co mamy robić, lub nakazywali wykonanie jakiejś czynności – jesteśmy teraz skazani na siebie. Potrzebna nam wyobraźnia, bardziej niż w przeszłości. Co zrobić, aby złośliwy wnuczek lub wnuczka nie powiedzieli nam: babciu, dziadku, jesteście pozbawieni wyobraźni!

Radzimy słuchać muzyki. To ona pobudza wyobraźnię! Przynosi prawdziwą relaksację emocjonalną, dzięki której osiągamy łatwość w przywoływaniu przyjemnych wyobrażeń, obrazów, myśli... Wewnętrzne obrazy bardzo silnie wpływają na nasze emocje, stosunek do otoczenia, najbliższych.

W ciszy i spokoju słuchamy muzyki, rozluźniamy się, powtarzamy sobie: „Rozluźniam swoje ciało, rozluźniam swoje ciało; moje ciało staje się ciężkie, bardzo ciężkie. A teraz jest lżejsze, lekkie, zupełnie lekkie. Zaczynam rozumieć wnuczka. Nie miałem/am wyobraźni, zupełnie ją utraciłem/am. A teraz na nowo coś ją pobudza... Nikt mi już nie powie, że cierpię na jej brak".

W tej samej ciszy, przy dźwiękach muzyki próbujemy stłumić urazę do wnuczka. Skupiamy się tylko na dźwiękach, które są dla nas najpiękniejsze. I tylko na nich się koncentrujemy. Badamy ich długość, barwę, „temperaturę". Wykluczamy myśl o urazie, którą nosimy w sobie już kilka godzin.

Jeśli to się uda, możemy podzielić się z rodziną i znajomymi refleksją o życiu w zrównoważonym stanie umysłu.

Co więc wybrać do tego rodzaju relaksacji? Sięgnijmy do odpowiedniego źródła, czyli Internetu. Znajdziemy w nim wiele serwisów internetowych proponujących katalogi muzyki relaksacyjnej: spokojnej muzyki zarówno elektronicznej, jak i klasycznej. Fragmentów płyt możemy posłuchać na wybranych stronach, (portale: www.urodaizdrowie, Kolekcja Solitudes – Avalon i inne). Znajdziemy tu takie tytuły, jak „Piękno i spokój w twoim domu", „Muzyka lecznicza", „Muzyka do pięknych nastrojów", „Muzyka z odgłosami natury", „Muzyka do tańca i ruchów ciała"; jednym słowem – muzykę, która uspokaja, odpręża, pomaga zapomnieć o codzienności.

Nie zapominajmy o jednym! O systematyczności. Tylko regularnie obcując z muzyką relaksacyjną, wyuczymy się nawyku medytacji relaksacyjnej. Nie zapominajmy również o tym, że muzyka jest jak sen – przy niej wypoczywamy. Nawet wtedy, kiedy wszystko w naszym życiu się zmienia, muzyka zawsze pozostaje piękna!

Rozdział piąty

Kluby seniora

Młodość jest przesycona przyszłością, wiek dojrzały teraźniejszością,
a starość niekoniecznie przeszłością.

Informacja o tym, że stajemy się społeczeństwem coraz nowocześniejszym, nie jest odkrywcza. Mówią i piszą o tym prawie wszyscy, zwłaszcza dziennikarze. W mass mediach, w Internecie często napotkamy ten temat. Są rozmowy, wywiady, polemiki, analizy, wykresy i statystyki. Setki instytucji przeprowadza sondaże, z których korzystają utrzymujący się z pisania dziennikarze i pseudodziennikarze. Uzasadniają oni swoje analizy nowoczesności sondażami „zawodowych" sondażystów, wróżących ze zmiennym szczęściem raz u dobrych, raz u złych wróżek. Czytając ich artykuły, wierzymy im lub nie, jednak to wróżenie statystyką zmusza nas do refleksji, przepowiada bowiem coś złowrogiego.

W styczniu 2009 roku w Serwisie „Głosu Szczecińskiego" (http://www.gs24.pl) zamieszczono krótki artykuł pt. *Młode Polki nie myślą o emeryturze*. Artykuł został napisany na podstawie zamówionego przez redakcję sondażu. Oto trzy krótkie fragmenty wywróżone z trzech kart przez reportera Piotra Jasinę.

Starość, bieda, niedostatek

Kobiety generalnie nie oszczędzają, jak wynika z wcześniejszych wypowiedzi. Ale na pytanie, z czym kojarzy się pani emerytura, najwięcej, bo aż 34 proc. pytanych, stwierdziło, że ze starością. Dużo, bo aż 20 proc. respondentek, emeryturę kojarzy z nadmiarem czasu, a 15 proc. pań czas emerytury wiąże z biedą, brakiem pieniędzy i niedostatkiem. Aż 12 proc. badanych podkreślało choroby, brak zdrowia.

Obawy związane z przyszłością

Zdecydowana większość pań (40 proc.) najbardziej obawia się chorób i utraty zdrowia. Na małą emeryturę i brak pieniędzy wskazało 20 proc. respondentek; połowę mniej kobiet przeraża samotność. Starości obawia się 8 proc. badanych kobiet.

Co będziemy robić?

Jak można spędzać czas na emeryturze? Z wypowiedzi wynika, iż staliśmy się już bardzo medialną społecznością, ponieważ **81 proc. badanych odpowiedziało, że czas będzie im upływał na oglądaniu telewizji. Panie myślą też o aktywnych formach, bo 71 proc. zadeklarowało spacery, a 70 proc. pań czas wolny poświęci przede wszystkim wnukom** [podkreśl. S. M.]. Następne w kolejności formy relaksu – to czytanie pism kolorowych, zajmowanie się działką, ogródkiem oraz zakupy, czytanie książek, spotkania ze znajomymi.

Czy dawny model spędzania czasu na emeryturze – przy rodzinie, w gronie dzieci i wnuków – przeminął? Reporter utwierdza nas w przekonaniu, że nie! Głosy respondentek płynące z odległego od Polski centralnej regionu (Szczecin) zastanawiają. Z czego rodzi się tak pesymistyczne spojrzenie dotyczące przyszłości? Z obserwacji? Z doświadczeń wyniesionych z domu? Z telewizji, z którą młode Polki chcą być w przyszłości tak bardzo związane?

Tyle pytań i żadnej konkretnej odpowiedzi.

My, emeryci, kolejny raz mówimy „nie". Nie – tak postrzeganej starości. Mamy więcej doświadczenia, lata na emeryturze wykorzystamy więc inaczej, w inny sposób.

Ogarnęła nas już ochota do rozwijania własnych potrzeb intelektualnych, inteligentnego wypełnienia wolnego czasu, idea wszechstronnego rozwoju. Chcemy być zadowoleni z siebie – poza rodziną, bez telewizji; na wycieczkach, wśród zwierząt i roślin, w samym sercu przyrody. Pragniemy cieszyć się życiem wśród nowych znajomych, przyjaciół, ludzi potrzebujących pomocy.

Nie ciąży już na nas poczucie odpowiedzialności za dzieci, osiągnęliśmy bowiem pewną granicę wiekową, która pozwala nam na prawdziwą niezależność, wolność. Nie mamy ochoty myśleć o czyhających na nas chorobach, bo nawet jeśli któraś z nich nas dopadnie, silniej poczujemy swoją duszę.

Co nam w tym pomoże? Dalszy rozwój. A to oznacza **aktywny tryb życia.**

W tym rozdziale będziemy gościć w klubach seniora. W Polsce jest ich niemało. Powstają przy radach osiedli mieszkaniowych, miejskich bibliotekach publicznych, domach kultury, uniwersytetach, miejskich ośrodkach pomocy rodzinie, centrach kultury, a nawet przy parafiach. Często są one wspólnym przedsięwzięciem władz miasta i lokalnych partnerów, ludzi dobrej woli, zasobnych emerytów. Istniejące już kluby korzystają z doświadczeń organizacji pozarządowych, które chętnie włączają się w ich działalność i ją wspomagają.

Lektura programów i sprawozdań z działalności instytucji ułatwiających rozwój intelektualny seniorów budzi w nas uznanie, a czasami podziw. Tysiące ludzi zadaje sobie trud, aby inni mieli z niego pożytek, zadowolenie i byli jak najdłużej aktywni. Wszystkim zależy na zadbaniu o sprawność intelektualną starszego pokolenia, na jego czynnym partycypowaniu w życiu społecznym.

Seniorzy mogą praktykować aktywny styl życia we wszystkich możliwych formach. Jednym dano możliwość nadrabiana zaległości edukacyjnych, inni mogą uprawiać sport, spędzać czas przy komputerze, bawić się, a bawiąc się – nawiązywać kontakty. Samotność – odczuwana tak mocno we własnych czterech ścianach – w klubach seniora nie istnieje.

Co proponują swoim członkom kluby seniora? Przykładowo Centrum Aktywności Seniora w Gdyni (81–364 Gdynia, ul. 3 Maja 27–31, tel./fax. (58) 661 55 38, e-mail: sekretariat@cas.gdynia.pl, www.cas.gdynia.pl), którego zadaniem jest wszechstronna aktywizacja starszych osób oraz koordynacja działań podejmowanych na ich rzecz przez różne instytucje społeczne regionu   zachęca emerytów przemyślanym, bogatym programem w zakresie zdrowia, nauki, sztuki itd. Oto rodzaje aktywności zaproponowane starszym mieszkańcom Gdyni.

Zdrowie:

profilaktyka zdrowotna,
choreoterapia,
psychoterapia,
terapia ruchem.

Gimnastyka:

gimnastyka pamięci,
gimnastyka rekreacyjna,
warsztaty praktyczne z tai-chi.

Nauka:

historia sztuki,
kreatywność,
warsztaty z psychologii.

Sztuka:

Klub Filmowy Seniora, warsztaty filmowe,
malarstwo i rysunek,
papieroplastyka,
warsztaty tańca argentyńskiego, zajęcia praktyczne z flamenco,
warsztaty tkactwa artystycznego,
zajęcia teatralne,
zajęcia wokalne – chór.

Umysł:

twórcze myślenie.

Uroda:

studium urody i wizażu.

Informatyka:

kursy komputerowe.

Czy nie są to kuszące propozycje? W dodatku można z nich skorzystać za niewielką opłatą (40 zł na semestr za uczestnictwo w dowolnej liczbie zajęć!). Są tylko dwa kryteria zapisów: zameldowanie w Gdyni i ukończony 60. rok życia. Niejeden młodzieniec na przykład z Podkarpacia chętnie oddałby swoją młodość za takie możliwości wszechstronnego rozwoju...

Wybierzmy się teraz do innego centrum, które mieści się we Wrocławiu. To piękne miasto szczyci się w Polsce mianem ośrodka innowacji – zwłaszcza pod względem wychodzenia naprzeciw potrzebom seniorów swej gminy.

Działające tu Wrocławskie Centrum Seniora (WCS, http://cirs.nazwa. pl/senior), oprócz przedsięwzięć, które zaakcentujemy poniżej, wyszło z ciekawą propozycją nazwaną **Miejsca Przyjazne Seniorom**.

Celem tej inicjatywy jest zachęcenie osób starszych do aktywnego spędzania czasu poza domem w miejscach im przyjaznych, które uzyskały certyfikat miejsca przyjaznego seniorom. Certyfikaty przyznaje specjalna komisja tym instytucjom na terenie gminy Wrocław, które spełniły następujące kryteria: 1) są otwarte i przyjazne dla seniorów, 2) mają dla nich korzystną ofertę, 3) dysponują specjalnymi zniżkami i rabatami, 4) świadczą usługi na ich rzecz, 5) mają produkty dla nich przeznaczone.

Które instytucje zostały lub mogą zostać wpisane na tę zaszczytną listę? Oczywiście, chodzi tu o kawiarnie, restauracje, sklepy, apteki, instytucje kulturalne, użyteczności publicznej, czyli miejsca, w których nie zawsze starszy człowiek czuje się swobodnie. Dostęp do tej listy (z dokładnymi adresami miejsc i wskazaniem ofert dla seniorów) może mieć każdy zainteresowany – jest ona publikowana na stronach internetowych WCS i w lokalnej prasie. Jest to tak zwana Mapa Miejsc Przyjaznych Seniorom.

WCS jest mądrym i znakomitym projektem miasta, które wspiera seniorów pod każdym względem. Z bogatej oferty Centrum przedstawimy tylko te, które wychodzą poza standard innych klubów seniora.

Oto one:

- Dostarczanie informacji o wydarzeniach, usługach, punktach konsultacyjnych działających na rzecz seniorów (Internet, artykuły i notatki prasowe).
- Kompleksowa informacja dla seniorów przez telefon.
- Możliwość dzielenia się z innymi użytkownikami informacjami, radami, doświadczeniami, wiedzą na portalu Centrum.
- Integracja seniorów w całym regionie.
- Realizacja programów badawczych w środowisku osób starszych Wrocławia.
- Budowanie pozytywnego wizerunku społecznego osób starszych.

Seniorzy wrocławscy, zapamiętajcie dobrze adres i numer telefonu tej instytucji, stworzonej specjalnie dla Was: Wrocławskie Centrum Seniora, 650–159 Wrocław, Plac Dominikański 6, wcs@seniorzywroclaw.pl, tel. (71) 344 44 44, (71) 77 24 913, 77 24 934, 77 24 935.

Inne oferty:

Punkt edukacji technicznej dla seniorów

Bezpłatne porady dotyczące obsługi i eksploatacji urządzeń technicznych, telefonów przewodowych i bezprzewodowych, telefonów komórkowych i innych urządzeń elektronicznych.

Punkt konsultacji komputerowo-informatycznej

Bezpłatne konsultacje indywidualne z zakresu obsługi komputera oraz Internetu.

Pomocna dłoń dla seniorów

Wsparcie psychologiczne i psychoterapeutyczne dla osób, które doświadczyły przemocy. Pomoc w przezwyciężeniu lęku i przerwaniu milczenia.

Fundacja „Dobrze, że jesteś"

Wspieranie ludzi chorych, przebywających w szpitalach przez wykonywanie drobnych czynności, niewymagających kwalifikacji medycznych, takich jak: robienie zakupów, wychodzenie na spacery, pomoc przy posiłkach, odprowadzanie pacjentów na badania, rozmowy z pacjentami. Wsparcie psychicznie chorych.

Katalog stron internetowych dla seniorów, o seniorach i z tematyką związaną z osobami starszymi:

Lista ciekawych stron w Internecie, na których omawia się problemy związane z seniorami.

Przyjaciel Seniorów (www.seniorzy.wroclaw.pl)

Nowatorski projekt polegający na nadawaniu statusu i odznaki Przyjaciela Seniorów wszystkim tym, którzy bezinteresownie wspierają środowiska osób starszych.

Międzypokoleniowa Akademia Karate (http://cirs.nazwa.pl/senior)

Bezpłatny udział w treningach karate i samoobrony, dostosowany do wieku, kondycji i umiejętności. Wspólne ćwiczenia wnuków z dziadkami w celu zacieśnienia więzów rodzinnych.

Przyjazne cztery łapy (http://cirs.nazwa.pl/senior)

Cykl wykładów, warsztatów i konsultacji związanych z psychologicznym podłożem relacji człowiek – zwierzę. W programie: wybór rasy psa, przygotowanie psa do adopcji, opieka nad najwierniejszym przyjacielem człowieka, leczenie poprzez kontakt z psem itd.

Embarras du choix – jak mówią Francuzi. Co wybrać? Jak na to wszystko znaleźć wolny czas? A ponieważ każdy nadmiar szkodzi, zróbmy wspólnie z WCS, choć jedną rzecz, by nie żałować przez resztkę życia, że jej nie zrobiliśmy.

Niektóre z klubów seniora coraz częściej wprowadzają do swoich ofert niestandardowe pomysły. Ot, choćby regularny *Nordic Walking*. Jest to spacer, marsz, podczas którego nie nadwerężamy przeciążonego w okresie działalności zawodowej umysłu. Trzeba jednak zainwestować w zakup odpowiednich kijków ze specjalnymi uchwytami, które powodują odciążenie kręgosłupa i stawów kolanowych. Przyjemność płynąca z takiego marszu zadziwi nawet najbardziej wybrednego emeryta; treningowi bowiem zostaną poddane, oprócz wyżej wymienionych, następujące części ciała: nogi i biodra, ręce, prawy i lewy bark, ramiona, mięśnie klatki piersiowej. W sumie w ten przyjemny wysiłek zaangażowane jest około 90% mięśni ciała. Idąc do przodu, przed siebie, spalamy niepotrzebne kalorie – intensywniej niż podczas biegania – wyłączamy na jakiś czas proces myślenia, patrzymy na sylwetkę naszego rześkiego kolegi i wracamy do domu szczęśliwi. To naprawdę znakomita forma inteligentnej aktywności fizycznej, którą możemy zająć swoje buntujące się ciało – bez względu na wiek i porę roku.

Centra lub kluby seniorów w wielkich ośrodkach miejskich prześcigają się w pomysłach, projektach, innowacjach. Mniejsze ośrodki miejskie lub wiejskie – ze względu na niewielkie fundusze, brak doświadczonej, wykształconej kadry – mają mniejsze możliwości. Jedno jest pewne – prawie w każdym klubie znajdziecie przyjazne dusze, które nie pozwolą, aby samotność lub nuda była nieodzownym warunkiem istnienia emeryta.

Znakomitym tego przykładem jest uchwycony przez reporterkę Zofię Bysiec optymizm jednej z członkiń radomskiego klubu seniora. Prosta, prawdziwa wypowiedź emerytki, której nie trzeba zachęcać do korzystania z życia.

– Hulam, a co?! Tak w ogóle to jestem chora, ale na zabawę od razu zdrowieję – śmieje się pani Wacia, a właściwie Wacława Czubakow, stała bywalczyni klubu seniora. – Koleżanki się ze mnie śmieją, że stara, a jeszcze chcę tańczyć. Ale trzeba się bawić. Emerytury małe, człowiek chory, trzeba to wszystko zapomnieć.

Pani Wacia ma 78 lat, ale zupełnie na tyle nie wygląda. – Mąż o mnie dba, żebym była elegancka. O! Wnuczka mi zawsze robi trwałą – pani Wacia poprawia fryzurkę.

Atmosferę w klubie seniora pani Wacia bardzo sobie chwali. – Bardzo sympatyczne towarzystwo. Można sobie porozmawiać przy herbatce, przy słodyczach. Są karty, gry, warcaby. Pani kierowniczka jest bardzo miła. Jest zabawa sylwestrowa, są spotkania wigilijne, cztery razy w roku impreza na dzień solenizanta... – wylicza. – Nasi członkowie jeżdżą na pielgrzymki i wycieczki. Chodzą na koncerty, do kina, do teatru, a nawet wybierają się razem do lasu na grzyby. Są potańcówki i zwykłe rozmowy przy kawie. A atmosfera naprawdę rodzinna: wśród członków klubu zawiązało się już przynajmniej kilkanaście małżeństw ("Troski i radości seniorów", http:/radom.gazeta.pl, wpis z 31.07.2009 r.).

Zachęcając do udziału w działalności klubów seniora, chcielibyśmy również wspomnieć o Dniach Seniora, które na stałe weszły do kalendarza imprez integracyjnych starszego pokolenia. Na początku były to lokalne spotkania, które z czasem przerodziły się w międzynarodową imprezę, na przykład Dni Seniora w Lipsku, organizowane przez Niemieckie Federalne Ministerstwo Rodziny, Seniorów, Kobiet i Młodzieży, w których obchodach uczestniczą delegacje polskie i holenderskie. Podczas takich spotkań rodzą się nowe pomysły, utrwala się więź międzypokoleniowa, dostrzega się problemy innych i jednocześnie korzysta się z możliwości przeniesienia rozwiązań europejskich kolegów na grunt polski.

Nie musimy przecież powtarzać, że przez uczestnictwo w życiu społecznym starszego pokolenia wypełniamy wolny czas, uczymy się czegoś nowego, podpatrujemy pomysły innych. Czy – na przykład – nie warto skorzystać z niemieckiego genialnego pomysłu *Senior Experten Service*, który polega na wykorzystaniu potencjału intelektualnego i doświadczenia seniorów? Czy polscy seniorzy – specjaliści, eksperci, inżynierowie – nie mogliby pomagać innym za niewielkie kieszonkowe i utrzymanie? Oczywiście państwo niemieckie może sobie pozwolić na wysyłanie seniorów-ekspertów do krajów azjatyckich, afrykańskich jako wolontariuszy, ale również na naszym terenie moglibyśmy zdziałać niemało.

Przeniesienie niemieckiego pomysłu czeka na podjęcie inicjatywy przez nas samych, zwłaszcza na tych, którzy nie kręcą głowami nad cytatem wielkiego człowieka: "pomysł to rzecz rzadka". Skoro się gdzieś już zrodził, nie wstydźmy się z niego skorzystać.

Rozdział szósty

Buszowanie cyberemeryta w sieci

Życie byłoby nieskończenie szczęśliwsze, gdybyśmy mogli rozpocząć je
w wieku osiemdziesięciu lat i stopniowo zbliżać się do osiemnastu.
Mark Twain

W USA ponad połowa seniorów korzysta z Internetu. W Polsce jest ich zaledwie znikomy procent. Czy nasi koledzy zza oceanu znaleźli w ekranie komputera sposób na wypełnienie pustki życiowej? A może są lepiej wykształceni, przygotowani do korzystania z nowoczesnych technologii? Mniej bojaźliwi? Bardziej otwarci na świat i na to, co się dzieje w globalnej wiosce? Może im ktoś pomaga?

Agnieszka Pochrzęst w artykule *Wesołe jest życie cyberemeryta*, zamieszczonym na jednej ze stron internetowych (http://www.upclive.pl/Akademia_e_Seniora), pisze o polskich seniorach, którzy szturmują Internet. Oprócz statystki, przemawiających do wyobraźni, wziętych prosto z życia przykładów i kolorowej wizji polskiego emeryta, korzystającego z dobrodziejstw Internetu – dziennikarka snuje optymistyczną wizję na następne dwadzieścia lat. Internet – jej zdaniem – w niedługim już czasie przybliży dwie różne generacje (wnuków i dziadków), tysiące administratorów tego medium zadba o to, aby literki w migających okienkach nie były za małe; w 2030 roku ilość internautów-emerytów wzrośnie do 30%, dzięki czemu „dziadka [buszującego/surfującego] w sieci można będzie łatwiej znaleźć niż wnuka". W dodatku będzie to dziadek, dla którego terminy używane przez dziennikarkę, takie jak: cyberemeryt, surfować, sieć, gry sieciowe, wirtualne mapy, serwisy, blog, nick, będą stanowić część przyszłego słownika domowego.

Autorka artykułu – zdecydowana optymistka – nie marnuje czasu na opisywanie ciemności, stara się jak najszybciej zapalić pochodnię. Czy rzeczywiście możemy jej zawierzyć, usiąść spokojnie i spoglądać w przyszłość z optymizmem, który dość często jest wynikiem niedostatecznych informacji? Nie. Raczej nie. Najnowsze badania specjalistów dotyczące korzystania przez seniorów z współczesnych technologii wskazują na coś zupełnie innego.

Z raportu Dominika Batorskiego *Dwie Polski – użytkownicy Internetu i osoby niekorzystające* (z 2009 roku), zamieszczonego na stronach Eurostatu[8], dowiadujemy się, że wśród osób, które nie korzystają z Internetu, duża część to właśnie emeryci i renciści. Podczas gdy uczniowie i studenci stanowią w Polsce trzy czwarte użytkowników Internetu; emeryci tylko 5,4%, renciści 3,1%, co oznacza, że wyprzedzają oni wyłącznie rolników (2,1%), zamykających ten polski peleton internautów.

Analityk Batorski stwierdza, że podstawową barierą upowszechnienia informatyzacji – w przypadku tych trzech grup społecznych – nie jest dostęp do Internetu, lecz **umiejętności i motywacje do korzystania z sieci**. Z powyższego stwierdzenia można wyciągnąć wiele wniosków, lecz najważniejszy jest ten, który przemawia za udzielaniem seniorom kolejnych porad. Z tą myślą rozpoczęliśmy przecież przygotowywanie niniejszego poradnika.

Zacznijmy od zachęty do tzw. surfowania w sieci. Jak wynika z badań przeprowadzonych przez Dominika Batorskiego osoby, które korzystają z Internetu:

1. Mają więcej przyjaciół.
2. Znacznie częściej angażują się w działalność społeczną.
3. Znacznie aktywniej uczestniczą w życiu kulturalnym.
4. Znacznie częściej korzystają z dobrodziejstw kultury.
5. Znacznie częściej chodzą na spotkania towarzyskie.
6. Znacznie częściej uprawiają sport.
7. Znacznie mniej czasu poświęcają na oglądanie telewizji.
8. Przejawiają większą ufność do ludzi.

Dodajmy jeszcze za analitykami UPC Polska (telewizja cyfrowa), że znajomość obsługi komputera i Internetu:

1. Zbliża seniorów do rodzin.
2. Wpływa na przyjaźniejsze stosunki między starszym i młodszym pokoleniem.
3. Umożliwia kontakt z bliskimi i światem.
4. Pozwala na szybkie dotarcie do praktycznych informacji.

Czy samotny polski emeryt, siedzący od rana do późnej nocy przed telewizorem w swoim M1, M2, M3, narzekający z nudów na ospałość, zniedo-

---

[8] http://www.polska20.pl/diagnoza2009/DS2009_Dwie_Polski.pdf.

łężnienie, przygnębienie, odwodnienie, chudnięcie, osłabienie, opuszczenie przez najbliższych itp., a zdolny wciąż do wyciągania wniosków z przekazu pisanego, nie rozbudzi w sobie chęci zmiany swej niewygodnej sytuacji?

Skoro zaszliśmy aż tak daleko w doradzaniu, podpowiadaniu, sugerowaniu czegoś, zachęcaniu do czegoś i gromadzeniu materiałów, jesteśmy przekonani, że coś musi się zmienić na polskim podwórku, że wspólnie z czytelnikiem niniejszego poradnika wejdziemy na szczyt piramidy. A jeśli kogoś nie przekonamy do tego, by podniósł pochyloną dotąd głowę jak najwyżej, wprawimy go przynajmniej w zakłopotanie. Dlaczego? Bo cała rzesza ludzi podejmuje starania, aby żyło nam się lepiej.

Setki organizacji, stowarzyszeń, fundacji, instytucji edukacyjnych i kulturalnych buduje dla nas fundamenty, na których możemy bezpłatnie konstruować swój świat aktywnego e-seniora, sprytnie buszującego w sieci. Wystarczy tylko wybrać jedną ze stron internetowych oferujących bezpłatne kursy z zakresu nowoczesnej technologii. Są to między innymi:

- akademie e-Seniora,
- biblioteki publiczne,
- centra edukacyjne,
- Centra Integracji Społecznej,
- Centra Promocji Kobiet,
- domy kultury,
- E-Akademia UPC,
  firma Ericsson[9],
- fundacje uniwersyteckie,
- Katolickie Centra Edukacji,
- kawiarenki internetowe (z cenami promocyjnymi dla seniorów),
- Kluby e-Seniora,
- Learnpedia.eu,
- Polski Komitet Pomocy Społecznej,
- portale dla seniorów, np. senior.pl,
- Stowarzyszenie Akademia Pełni Życia,
- Stowarzyszenie Moje Miasto,

---

[9] Warto tutaj podkreślić, że również instytucje prywatne włączają się w działalność edukacyjną. Dyrekcja światowego lidera branży telekomunikacyjnej i teleinformatycznej Ericsson Polska w 2009 roku zorganizowała kursy komputerowe dla seniorów, prowadzone z dużym sukcesem przez wolontariuszy – pracowników firmy. W pięciotygodniowych zajęciach uczestniczyli członkowie Klubu Seniora Polskiego Komitetu Pomocy Społecznej działającego w warszawskiej dzielnicy Ochota.

– UPC Polska/e-Akademia[10],
– Akademia Rozwoju Filantropii[11].

Nie zapominajmy o tym, że powyżej wymienione organizacje są przykładowe. Wystarczy wpisać na ekran komputera hasło „bezpłatne kursy dla seniorów" i wybrać z gąszczu stron internetowych tę, która odpowiada miejscu zamieszkania zainteresowanego internauty, a na ekranie komputera zaroi się od ofert, propozycji, a nawet reklam.

Jeśli już pierwszy krok w życiu seniora – zwanego od tej chwili cyberemerytem lub e-seniorem – zostanie poczyniony, dobrze byłoby również wiedzieć:

Dlaczego inni użytkownicy (w tym e-seniorzy) całego świata korzystają z Internetu? Z jakiego typu usług użytkownicy sieci korzystają najczęściej?

Odpowiadamy na pytanie pierwsze. Według badań przeprowadzonych przez ekipę angielskiego specjalisty Rudera Fina (www.rfintentindex; zob. dalej http://davidanthonyporter.typepad.com) ponad 90% użytkowników Internetu buszuje w sieci **dla poszerzenia wiedzy** (polityka, zdrowie, zabytki, muzea świata, zasoby słownikowe, encyklopedyczne itd.) i **utrzymania kontaktów towarzyskich**. Niewiele mniej – dla przyjemności, zabawy, rozrywki (gry, dowcipy, filmy wideo itd.).

---

[10] To kolejny przykład firmy prywatnej, która w ramach programu „W jednej społeczności" odpowiedziała na zapotrzebowanie społeczne. Wiodący na rynku polskim dostawca usług (telewizja kablowa, szerokopasmowy Internet, telefonia) – UPC Polska, już od wielu lat w swej E-Akademii podejmuje działania na rzecz seniorów, zawarte w trzech słowach: dostęp, umiejętności, możliwości. „Akademia e-Seniora UPC to specjalny program nauczania obsługi komputera i korzystania z Internetu, przeznaczony wyłącznie dla seniorów. W programie: wyszukiwanie informacji na stronach WWW, wysyłanie e-maili, porozumiewanie się za pomocą komunikatorów; zapoznanie się nową terminologią (czat, forum, grupa dyskusyjna, multimedia itd.).
Dla osób zainteresowanych podajemy nazwy miast, w których doświadczeni informatycy UPC prowadzą zajęcia (lista z 2009 roku): Bydgoszcz, Gdańsk, Katowice, Kielce, Kraków, Lublin, Opole, Szczecin, Warszawa, Wrocław.
W ramach rozwoju projektu uruchomiona została strona internetowa www.akademiaeseniora.pl. Strona przeznaczona jest dla wszystkich seniorów zainteresowanych nowymi technologiami, samodzielną nauką korzystania z Internetu. Odwiedzający znajdą na niej wirtualne lekcje, słowniczek, ciekawe artykuły, jak również informacje o kursach UPC, najbliższych terminach zajęć, miejscach, w których się one odbywają. Seniorzy-internauci mogą zalogować się na forum; wymieniać opinie i komentarze, zadawać pytania ekspertom" (informacje z portalu UPC Polska, http://www.upclive. pl/Akademia_e_Seniora/komunikaty_prasowe).
[11] „Akademia Rozwoju Filantropii współpracuje z UPC Polska. W ramach współpracy otworzono kolejne pracownie komputerowe, podłączone do szerokopasmowego Internetu w: Bydgoszczy, Kielcach, Lublinie, Opolu, Szczecinie, Wrocławiu. Zostały one utworzone we współpracy z lokalnymi placówkami (organizacje pozarządowe, instytucje publiczne, spółdzielnie mieszkaniowe). Mogą z nich korzystać dzieci, seniorzy, bezrobotni" (informacje z portalu UPC Polska, http:// www.upclive.pl/Akademia_e_Seniora/komunikaty_prasowe).

Powody korzystania z Internetu:

– edukacja, poszerzanie wiedzy – 96%;
– utrzymywanie kontaktów towarzyskich – 92%;
– praca badawcza – 89%;
– potrzeba bycia zabawianym – 82%;
– potrzeba bycia informowanym – 76%;
– wyrażanie opinii – 76%;
– udział w życiu społecznym – 72%;
– praca, biznes – 69%;
– wpływanie na innych – 56%;
– zabawianie innych (dowcipy, blogi) – 48%;
– kreatywność, działalność twórcza (teksty, wiersze itd.) – 42%;
– zakupy – 33%;
– zarządzanie finansami – 30%;
– porównywanie ofert sklepowych – 28%;
– sprzedaż – 19%.

Jeśli chodzi o typ usług (pytanie drugie), z których najczęściej korzystają użytkownicy Internetu, nikogo nie zaskoczy to, że poczta elektroniczna zdobyła już dawno palmę pierwszeństwa. W Stanach Zjednoczonych ponad 2/3 internautów korzysta z tej wspaniałej możliwości: szybkiej, bezpłatnej, prawie niezawodnej, bezpaństwowej poczty. Kolejne miejsca zajmują:

1. Lektura bieżących wiadomości, czyli tzw. newsów.
2. Dokonywanie operacji finansowych (np. rachunki online).
3. Robienie zakupów.
4. Korzystanie z komunikatorów internetowych (Gadu-Gadu, Google-Talk, Skype, Yahoo! Messenger, Tlen itd.[12]).
5. Korzystanie z informacji finansowych.

Warto dodać, że w ostatnich latach nastąpił znaczny wzrost liczby internautów kopiujących programy telewizyjne (o 141%), oglądających filmy wideo (o 35%) i wykorzystujących nieograniczone możliwości telefonii internetowej (o 32%).

Porównajmy teraz nasze nudne, monotonne życie emeryckie z życiem zachodnich sąsiadów z Unii Europejskiej. Statystyki podają, że dla 41%

---

[12] Komunikatory internetowe to programy, które umożliwiają przesyłanie tekstów, komunikatów, wiadomości multimedialnych pomiędzy dwoma lub wieloma komputerami. Ich zalety to: 1) umożliwienie bezpośredniej konwersacji, 2) przesłanie informacji w trybie natychmiastowym (online), 3) możliwość zamieszczania różnorodnych reklam itd.

emerytów brytyjskich korzystanie z Internetu jest zdecydowanie najpopularniejszą czynnością, której oddają się w wolnym czasie (około sześciu godzin dziennie!). Na kolejnych miejscach uplasowali się emeryci francuscy (pięć godzin), niemieccy (cztery godziny), włoscy i hiszpańscy (dwie godziny). Dlaczego inni Europejczycy poświęcają tak wiele czasu na kontakt z magicznym ekranem nowoczesnej technologii? Ponieważ:

- czytają newsy;
- wykonują operacje finansowe, tzw. e-banking;
- komunikują się ze znajomymi przez Gadu-Gadu;
- poszukują informacji;
- regularnie robią zakupy przez Internet (około 40% w niektórych krajach);
- rezerwują bilety za pośrednictwem sieci;
- szukają informacji na interesujący ich temat (około 50%);
- szukają przyjaźni na portalach;
- udzielają się na forach internetowych;
- umawiają się na wspólne wyjazdy, spacery, podróże;
- utrzymują przez Internet regularny kontakt z dziećmi i z wnukami;
- wieczorami opowiadają wnukom bajki przez skype'a;
- wysyłają cyfrowe zdjęcia z wycieczek.

I oczywiście, wysyłają wiadomości pocztą elektroniczną (około 83% użytkowników). Specjaliści zajmujący się rolą Internetu w życiu seniorów twierdzą, że starszym ludziom korzystającym z Internetu lepiej wiedzie się niż tym, którzy tego nie robią.

Ktoś bardzo mądry powiedział, że w życiu nie musimy mieć dobrych kart, ale powinniśmy umiejętnie grać tymi, które mamy w ręku. Sięgnijmy zatem po jedną z wielu kart, które wybraliśmy dla was. Oto lista najciekawszych portali dla seniorów.

Portale dla seniorów

- Centrum Aktywności Seniora (http://www.cas.gdynia.pl),
- Druga Młodość (http://www.drugamlodosc.pl),
- eSenior.com.pl (http://www.esenior.com.pl),
- Forum 50+ seniorzy XXI wieku (http://www.forum.senior.info.pl),
- Gazeta.pl forum dyskusyjne (http://forum.gazeta.pl/forum),
- Happysenior.pl (http://www.happysenior.pl),
- Intersenior.pl (http://www.intersenior.pl),

- Małopolski Katalog Inicjatyw na rzecz Seniorów „My Seniorzy" (http://seniorzy.rops.krakow.pl),
- Pięćdziesięciolatki to my (http://forum.gazeta.pl/forum/f,23923, piecdziesieciolatki_to_my_.html),
- Przez-pokolenia.pl (http://przez-pokolenia.onet.pl),
- Senior.pl (http://www.senior.pl),
- Wrocławskie Centrum Seniora (http://www.seniorzywroclaw.pl).

O niektórych portalach wspominaliśmy już w poprzednich rozdziałach poradnika (Centrum Aktywności Seniora, Wrocławskie Centrum Seniora). Czas na prezentację tych, które wydają się najciekawsze, innowacyjne, inteligentne, których misją (traktowaną poważnie) jest poprawa jakości życia ludzi starszych w Polsce.

Forum 50+ Seniorzy XXI wieku

Proponuje m.in. warsztaty twórczego pisania, bezpłatne porady, publikacje własnej twórczości w zaprzyjaźnionym wydawnictwie Astrum, kurs obsługi bankomatu i zakładania konta.

Intersenior.pl, gazeta internetowa

Zamieszcza aktualności, informuje o życiu kulturalnym i rozrywkach, prowadzi porady prawne, akcje społeczne.

Senior.com.pl

Dobrze wyposażony sklep internetowy dla seniorów, który w działach: dobre zdrowie, dobre samopoczucie, dobry wzrok, dobry słuch, dobra aktywność, dobry wypoczynek, proponuje setki produktów z myślą o nas — seniorach, którzy nie zawsze cieszymy się dobrym zdrowiem.

Małopolski Katalog Inicjatyw na rzecz Seniorów „My Seniorzy"

Inicjatywa regionalna polegająca na opracowaniu katalogu małopolskich projektów na rzecz seniorów — baza danych, umożliwiająca zapoznanie się z projektami adresowanymi do osób starszych z regionu małopolskiego.

Senior.pl

Portal z kilkunastoma okienkami, w które można klikać i po kliknięciu — odkrywać świat. Z jednej strony pojawiają się okna z następującymi hasłami: styl życia, rodzina, zdrowie, finanse, klub seniora cafe; z drugiej kącik poezji własnej, kwiaty, księgarnia, apteka, a z boku: emerytura, eSenior, opieka, pasje, związki, dyskusje, blogi, ogłoszenia, książki kucharskie, galerie. Na dolnym pięterku – twoje narzędzia: wiadomości, opinie, recenzje, porady, dieta, grupy dyskusyjne, media. Jest w czym przebierać!

Źródło: http://www.senior.pl (data pobrania: 7.01.2010).

Happysenior.pl

Wielotematyczny portal, umożliwiający wzajemne kontakty osób młodszych i starszych, dostęp do ciekawych i praktycznych informacji, produktów oraz wiedzy, a także dzielenie się swoimi zainteresowaniami i pasjami.

Przez-pokolenia.pl

Ciekawa misja tworzenia więzi międzypokoleniowej. Celem twórców portalu jest utworzenie tzw. Rodziny Internetowej. Portal pozwala na łatwą rejestrację każdej osoby, dla której wiek nie ma znaczenia.

Gazeta.pl Forum dyskusyjne

Znakomity portal dla tych, którzy lubią wymieniać się doświadczeniami i wiedzą. Użytkownicy rozmawiają między sobą na różne tematy, na przykład: jak zainstalować skype'a, zmniejszać zdjęcia, konfigurować system, znaleźć właściwą wyszukiwarkę; oceniają i komentują zamieszczone w Internecie artykuły, podpowiadają sobie, co zrobić, gdy coś nie funkcjonuje itd.

Nikt nam teraz nie powie, że będziemy żyć tak jak śnimy – samotnie. Bo uczestnictwo w społeczności internetowej pozwoli nam na zmianę dwóch najtrudniejszych aspektów egzystencji człowieka nieaktywnego zawodowo, czyli wykluczenia społecznego i samotności.

Rozdział siódmy

Zajęcie na cztery sezony.
Pomoc dla zwierząt i ptaków

Pocieszam się, że zwierzęta nijakiej świadomości nie mają,
bo byłoby jeszcze więcej zrozpaczonych istot na świecie.
Wisława Szymborska

Na notatkę o przyznaniu przez Prezydenta RP wyróżnienia osobom zajmującym się przytuliskiem dla koni i innych zwierząt o wdzięcznej nazwie Przystań Ocalenie natrafiliśmy zupełnie przypadkowo. Nagrodzeni to wolontariusze Komitetu Pomocy dla Zwierząt w Tychach, którzy od wielu lat ratują konie traktowane przez właścicieli w sposób szczególnie okrutny. Próbują zrobić wszystko, by – po latach ciężkiej służby – ocalić je od śmierci w rzeźniach. Dzięki wysiłkom i staraniom ludzi dobrej woli zwierzęta te mogą godnie dożyć ostatnich dni swojej „emerytury".

Na cześć tych, który troszczą się o ludzi potrzebujących pomocy, jak również o spokojne i godne życie czteronożnych przyjaciół, organizuje się wielkie gale. Uczestniczą w nich ludzie młodzi i seniorzy, osoby wspierające wszelkie akcje pomocy. Jedni robią to dla rozwoju własnej osobowości, inni spłacają dług zaciągnięty od życia, jeszcze inni wypełniają sobie – czymś pożytecznym i szlachetnym – nadmiar wolnego czasu[13].

W tym rozdziale przestaniemy zajmować się na chwilę naszym wspaniale zorganizowanym światem i spróbujemy poznać zwierzęce i ptasie uniwersum. Może uda nam się tu znaleźć przyjaciół na długie letnie dni i jesienno-zimowe popołudnia... Poszukajmy w Internecie.

---

[13] Zainteresowanych odsyłamy do obejrzenia stron internetowych: „Laureaci Gali Wolontariatu". Wpiszmy hasło – Gala laureatów Wolontariatu lub http://www.money.pl/archiwum/wiadomosci_agencyjne.

Przeglądając kolejne strony pojawiające się na ekranie, możemy łatwo wpaść w zdumienie, bo nie przypuszczaliśmy, że środowisko niosące pomoc zwierzętom może być aż tak zinstytucjonalizowane. To nie dziesiątki, a setki schronisk, przytulisk, towarzystw opieki, fundacji, stowarzyszeń, organizacji, klubów zajmują się zwierzęcym losem. Zgromadzeni w nich specjaliści i wolontariusze pomagają zwierzętom na różne sposoby.

Oto niektóre instytucje i organizacje zajmujące się zwierzętami:

Schroniska

Adopcje.org
Ogólnopolska Baza Danych Zwierząt Oznakowanych
Polskie Schroniska dla Zwierząt
Przygarnij.pl
Schronisko.net
Zaginione/Znalezione
Zaginione zwierzęta
Znajdź/Przygarnij

Przytuliska

Kocie przytulisko

Przystanie

Przystań Ocalenie – Komitet Pomocy dla Zwierząt

Towarzystwa ochrony zwierząt

Ogólnopolskie TOZ „Animals"
Towarzystwo Zdrowego Życia
Towarzystwo Ekologiczno-Społeczne „Wolę Być"
Towarzystwo Ochrony Ptaków
Towarzystwo Przyjaciół Przyrody
TOZ „Fauna"
TOZ Gorzów Wielkopolski
TOZ Kraków
TOZ Polska
TOZ Ruda Śląska
TOZ Tarnów
TOZ Tomaszów
TOZ Warszawa
TOZ Wrocław
TOZ Zakopane

Fundacje

Fundacja „Albatros"
Fundacja „Animalia"
Fundacja „Argos"
Fundacja „Arka"
Fundacja AST na rzecz Zwierząt Niechcianych
Fundacja „Azyl"
Fundacja Azylu pod Psim Aniołem
Fundacja „Boksery w Potrzebie"
Fundacja „Centaurus"
Fundacja „Dar Serca"
Fundacja „Dogolandia"
Fundacja „Dogtor"
Fundacja „Emir"
Fundacja Eulalii
Fundacja „Feliks"
Fundacja „For Animals"
Fundacja Gabrieli
Fundacja „Koci Pazur"
Fundacja „Koci Świat"
Fundacja „Kocia Dolina"
Fundacja „Kocie Życie"
Fundacja „Kot"
Fundacja „Ludzie dla Zwierząt"
Fundacja „Medor"
Fundacja na rzecz Koni „Pro Equo"
Fundacja na rzecz Obrony Praw Zwierząt „Sfinx"
Fundacja na rzecz Zwierząt Niechcianych
Fundacja „Niechciane i Zapomniane"
Fundacja Ochrony Zwierząt „Bezpieczna Przystań"
Fundacja „Ostatnia Szansa"
Fundacja „Pegasus"
Fundacja „Pomagamy Razem"
Fundacja „Pomocna Łapa"
Fundacja Pomocy Zwierząt „Mniejsi Bracia"
Fundacja „Pro Animals"
Fundacja „Przyjaciele Zwierząt"
Fundacja „Przytul Psiaka"
Fundacja „Ratujmy Ptaki"

Fundacja „Razem Łatwiej"
Fundacja Rehabilitacji Zwierząt Ochronnych
Fundacja „S.O.S. dla Zwierząt"
Fundacja „Tara"
Fundacja „Trzy Łapy"
Fundacja w Obronie Zwierząt „Maja"
Fundacja „Zmieńmy świat"
Fundacja „Zwierzę nie jest rzeczą!"
Fundacja „Zwierzęta i My"
Polska Fundacja Ochrony Zwierząt
Pomorska Fundacja „Rottka"

Stowarzyszenia

Skawińskie Stowarzyszenie Pomocy Zwierzętom
Stowarzyszenie dla Natury „Wilk"
Stowarzyszenie „Empatia"
Stowarzyszenie „Help Animals"
Stowarzyszenie „Inicjatywa dla Zwierząt"
Stowarzyszenie „Lubelski Animals"
Stowarzyszenie Miłośników Żubrów
Stowarzyszenie na rzecz Dzikich Zwierząt
Stowarzyszenie Obrońców Zwierząt „Arka"
Stowarzyszenie „Podaj Łapę"
Stowarzyszenie Pomocy Królikom
Stowarzyszenie Przyjaciół Bezpańskich Zwierząt „Cichy Kącik"
Stowarzyszenie Przyjaciół Szczurów
Stowarzyszenie „Razem z Nami"
Stowarzyszenie „Sokół"
Stowarzyszenie „Symbiossis"
Stowarzyszenie „Zwierzęcy Telefon Zaufania"
Tarnobrzeskie Stowarzyszenie Przyjaciół Zwierząt

Organizacje

Front Wyzwolenia Zwierząt
Green Angels
Greenpeace
Na Pomoc Goldenom
Weterynaryjny Bank Krwi
WWF Polska

Kluby

Klub „Gaja"
Klub Pomocy Świnkom Morskim
Klub „Wataha"
Polski Klub Ekologiczny

Kampanie

Przeciw odstrzałom wilków
AntyFutro – Wypnij się na Futro!
STOP pseudohodowcom
STOP Okrucieństwu wobec Zwierząt!
W Obronie Zwierząt – FWZ
Kampania adopcyjna „Daj mi dom!"
„Powiedz STOP odstrzałom pupilów!"

Pogotowia i straż dla zwierząt

Straż dla Zwierząt Wrocław
Straż dla Zwierząt Polska
Pogotowie i Straż dla Zwierząt

Powyższa lista nie może być wyczerpująca, ponieważ z dnia na dzień powstają nowe strony internetowe – zakładane przez miłośników zwierząt i organizacje pozarządowe. W tym gąszczu propozycji możemy natrafić na nieaktualne już, trudne w uruchamianiu serwisy, w których nie aktualizuje się na bieżąco informacji o zwierzętach przeznaczonych do adopcji.

Sugerując się opisem i opiniami, proponujemy zatem zainteresowanie się projektem Schronisko.net (http://www.schronisko.net), który jest finansowany ze środków prywatnych i adresowany do zarządzających schroniskami, do organizacji oraz osób pragnących pomagać zwierzętom. Założeniem tego projektu jest wspomaganie tych, którzy mają już stronę internetową i chcą ją zaktualizować, oraz tych, którzy chcą ją utworzyć. Warunkiem współpracy jest posiadanie zwierząt do adopcji.

Co proponują adresaci tej oferty?

1. Aktualizacje listy zwierząt do adopcji w tzw. kąciku adopcyjnym.
2. Umieszczenie informacji o zwierzętach w ogólnopolskiej bazie danych (ponad 40 różnych stron internetowych).
3. Wykonanie strony na zamówienie i jej utrzymanie na serwerze.

4. Darmowe zamówienie strony internetowej i darmowe korzystanie z niej.

O dobrej współpracy z administratorami projektu świadczą opinie korzystających z niego właścicieli schronisk lub tych, którzy chcieliby je otworzyć. Poniżej cytujemy dwie z nich:

> Stworzenie strony internetowej za pośrednictwem projektu Schronisko.net jest naprawdę bardzo szybkie i nieskomplikowane. Sama nie myślałam, że to jest aż takie proste. Wystarczy tylko przesłać pod wskazany adres zdjęcia, opisy psów oraz inne potrzebne informacje o schronisku, które nie ma jeszcze swojej strony WWW, i strona internetowa powstaje po prostu w mgnieniu oka.
>
> Zdjęcia psów i kotów, które mają ukazać się na naszej stronie w dziale do adopcji, dodajemy sami w niezwykle prosty i bezproblemowy sposób, korzystając ze specjalnego panelu administracyjnego, a w razie ewentualnych niejasności autorzy projektu Schronisko.net wyjaśniają wszystkie wątpliwości.
>
> W moim przypadku już po kilku dniach od powstania nowej strony naszego schroniska liczba adopcji nadspodziewanie szybko wzrosła. Jestem bardzo zadowolona i polecam ten projekt innym schroniskom, które nie mają jeszcze swojej strony internetowej.
>
> Schronisko dla Zwierząt w Milanówku

> Kiedy znalazłam informację o projekcie schronisko.net i zaczęłam się nim interesować, na zapytanie dotyczące możliwości przystąpienia do tego projektu (czyli warunków stworzenia strony dla schroniska), otrzymałam odpowiedź natychmiast. Dokładnie to sprawdziłam – nie odpowiadał automat, lecz żywy człowiek, mimo że pora była bardzo późna.
>
> Potem, gdy zaczęliśmy współpracę, byłam zaskoczona tym, że stronę internetową można uruchomić tak szybko i że wszystko poszło tak gładko. [...] Wszystkie podstawowe narzędzia były już przygotowane, do mnie należało tylko napisanie tekstów informacyjnych i wybranie fotografii. Ani chwili nie musiałam czekać na umieszczenie ich na stronie internetowej. Umiejętność programowania, znajomość HTML, obróbka zdjęć? Ależ skąd, nic z tych rzeczy nie było potrzebne. Osoba, która tworzy strony w ramach projektu, prowadzi za rękę i większość pracy wykonuje sama.
>
> Na koniec, gdy strona internetowa ujrzała już światło dzienne – byłam wręcz zdumiona, że to tak doskonale działa. Zwłaszcza baza zwierząt do adopcji, którą oglądać można nie tylko na stronach schroniska, lecz także w wielu popularnych witrynach. Wystarczyło, że zaczęłam

umieszczać tam zdjęcia psów, a już zaczęły dzwonić telefony. Nie minęły dwa dni od zamieszczenia informacji, a już była adopcja psa, która wydawała się bez szans. Podsumowując: darmowe miejsce na serwerze, darmowe stworzenie profesjonalnej strony, darmowa baza zwierząt do adopcji; a przede wszystkim doskonała obsługa informatyczna.

To powinno kosztować spore pieniądze. Tymczasem nie kosztuje nic! [...]

Schronisko dla Zwierząt w Ostrowi Mazowieckiej

Dobre i użyteczne zajęcie. Warto z tego skorzystać.

W dziedzinie ochrony fauny i flory pracy jest wiele. Organizacje oraz stowarzyszenia prywatne i pozarządowe pracują pełną parą przez cztery pory roku. Naprawdę potrzebują pomocnych rąk. Potrzebują Was, emerytów, którzy mają czas, którzy często nie wiedzą, co z tym czasem zrobić.

By zdać sobie sprawę z trudu, który wkładają w to szlachetne, godne podziwu dzieło, prześledźmy działalność przyjaciół zwierząt na terenie regionu śląskiego. Wczytajmy się w poniżej zamieszczoną listę instytucji i organizacji, działających na Śląsku, aby uświadomić sobie ogrom pracy, którą trzeba wykonać.

W okręgu śląskim ochroną przyrody zajmują się powiatowe i wojewódzkie instytucje rządowe, instytucje samorządowe na szczeblu gminy i województwa oraz prywatne organizacje ekologiczne. Niektóre z nich, obok działań o charakterze regionalnym, prowadzą działalność ogólnopolską i międzynarodową. Oprócz instytucji i organizacji, które mają swoje siedziby na terenie województwa, na rzecz ochrony śląskiej przyrody aktywnie działają także niektóre inne organizacje spoza województwa.

Oto ich lista wraz z adresami kontaktowymi:

Centrum Dziedzictwa Przyrody Górnego Śląska (www.cdpgs.katowice.pl)

Instytucja utworzona w 1992 roku przez wojewodę katowickiego od 1999 roku jest jednostką samorządową województwa śląskiego. Centrum Dziedzictwa Przyrody Górnego Śląska podejmuje następujące działania:
- gromadzi dane dotyczące wszystkich elementów przyrody województwa śląskiego (flora, fauna, przyroda nieożywiona) w postaci baz danych oraz zbiorów bibliotecznych i fotograficznych;
- udziela konsultacji i udostępnia zbiory biblioteczne;
- występuje z inicjatywami ochrony miejsc przyrodniczo cennych;
- przygotowuje dokumentację przyrodniczą dla zgłaszanych obiektów;

- prowadzi program dla szkół podstawowych i ponadpodstawowych w zakresie edukacji ekologicznej „Przyroda wokół nas", w ramach którego organizowane są warsztaty przyrodnicze i przyrodniczo-artystyczne („Autoportret z przyrody"), prelekcje oraz konkursy (cykliczny konkurs „Żubry potrzebują Indian");
- publikuje czerwone listy gatunków zagrożonych na Śląsku (seria „Raporty. Opinie"), monografie przyrodnicze (seria „Materiały. Opracowania").

Realizowane obecnie programy badawcze:
- rozmieszczenie i zasoby populacyjne kosaćca syberyjskiego w województwie śląskim;
- rozmieszczenie cieszynianki wiosennej w województwie śląskim;
- monitoring stanu populacji liczydła górskiego w rezerwacie przyrody „Ochojec";
- inwentaryzacja mrówek w wybranych rezerwatach przyrody województwa śląskiego;
- rozpoznanie składu gatunkowego i stanu ilościowego fauny pszczołowatych województwa śląskiego;
- monitoring rozmieszczenia i liczebności w województwie śląskim chronionego prawem pająka – tygrzyka paskowanego.

Ochrona czynna:
- monitoring i czynna ochrona owadów pszczołowatych;
- instalacja gniazd lęgowych dla dziko żyjących pszczół samotnych;
- ochrona gniazd bociana białego;
- ochrona stanowisk kolonii rozrodczych oraz zimowisk nietoperzy.

Zespół parków krajobrazowych województwa śląskiego
Odział biura w Rudach (e-mail: rudy@zpk.com.pl)

Oddział wykonuje zadania z zakresu ochrony przyrody i edukacji przyrodniczej, w szczególności na terenie parku krajobrazowego Cysterskie Kompozycje Krajobrazowe Rud Wielkich. Pracownicy oddziału w Rudach realizują także liczne programy aktywnej ochrony przyrody oraz badawcze:
- ochronę płazów przed śmiertelnością na drogach;
- ochronę strefową rzadkich gatunków ptaków (bocian czarny, bielik) w województwie śląskim;
- ochronę bociana białego *Ciconia ciconia* w województwie śląskim;
- monitoring i ochronę derkacza *Crex crex* w parku krajobrazowym;
- ochronę rybitwy rzecznej *Sterna hi rundo* na Zbiorniku Rybnickim.

W ramach edukacji ekologicznej pracownicy parku prowadzą: warsztaty historyczno-regionalne „Dymarki cysterskie", spotkania dzieci i młodzieży niepełnosprawnej z przyrodą i historią regionu (program „Krajobraz wokół nas") oraz warsztaty ekologiczne połączone z biegiem terenowym („Eko-podchody").

Odział biura w Złotym Potoku (e-mail: zlotypotok@zpk.com.pl)

Oddział wykonuje zadania z zakresu ochrony przyrody i edukacji przyrodniczej na terenie parku krajobrazowego Stawki i Parku Orlich Gniazd oraz realizuje wiele programów z zakresu czynnej ochrony przyrody. Prowadzi także prace badawcze i inwentaryzacyjne:
- inwentaryzację miejsc lęgowych płomykówki i kolonii rozrodczych nietoperzy;
- monitoring i ochronę gniazd bociana czarnego;
- inwentaryzację gniazd bociana białego;
- akcję obrączkowania łabędzi;
- liczenie nietoperzy na kwaterach zimowych;
- monitoring stanowisk pszczoły ziemnej zagrożonej wyginięciem.

W zakresie edukacji ekologicznej pracownicy Parku:
- prowadzą zajęcia z edukacji ekologicznej na ścieżkach dydaktycznych Parku Orlich Gniazd oraz w pasiece dydaktycznej, na terenie parku przypałacowego w Złotym Potoku;
- oprowadzają wycieczki po ekspozycji przyrodniczej w pałacu Raczyńskich;
- wygłaszają prelekcje.

Odział biura w Żywcu (e-mail: zywiec@zpk.com.pl)

Oddział wykonuje zadania z zakresu ochrony przyrody i edukacji przyrodniczej na terenie Parków Krajobrazowych Beskidu Żywieckiego, Śląskiego i Małego.

Pracownicy oddziału:
- sprawują nadzór i kontrolę nad istniejącymi formami ochrony;
- promują rozwój agroturystyki w Beskidach;
- cyklicznie organizują akcje „Dzień Ziemi" i „Sprzątanie Świata" oraz akcje pomocy ptakom.

Realizowane programy:
- monitoring występowania storczykowatych na łąkach w Złatnej Hucie;
- program restytucji raka szlachetnego;

- monitoring występowania głowacza na terenie Parku Krajobrazowego Beskidu Małego i Beskidu Śląskiego;
- program ochrony płazów;
- monitoring gniazd bociana białego;
- monitoring i ochrona strefowa gniazd bociana czarnego;
- monitoring występowania siwerniaka na polanach górskich Żywieckiego Parku Krajobrazowego;
- udział w programie inwentaryzacji miejsc występowania płomykówki i nietoperzy oraz monitoringu stanowisk istniejących;
- udział w dekadzie spisu nietoperzy;
- monitoring występowania bobra europejskiego;
- udział w programie obejmującym działania prewencyjne w hodowlach owiec – jako obronę przed wilkami – oraz prowadzenie edukacji na temat roli wilka w ekosystemie;
- inwentaryzacja nielegalnych wysypisk odpadów, nielegalnego odprowadzania ścieków oraz miejsc nielegalnych eksploatacji;
- zabiegi czynnej ochrony przyrody w rezerwacie Czantoria;
- rewitalizacja i zaadoptowanie do celów edukacyjnych parku zabytkowego w Kamesznicy;
- monitoring stanu czystości wód.

Górnośląskie Koło Ornitologiczne (www.muzeum.bytom.pl)

Organizacja działa na Górnym Śląsku już od 20 lat. Ornitolodzy należący do Koła prowadzą obserwacje ptaków lęgowych, przelotnych i zimujących w tym regionie. Koło skupia kilkudziesięciu ornitologów amatorów, reprezentujących różne profesje.

Liga Ochrony Przyrody (www.lop.org.pl)

Najstarsza organizacja proekologiczna działająca w Polsce na rzecz ochrony przyrody. Prowadzi edukację ekologiczną i popularyzuje wiedzę o przyrodzie. Organizuje liczne konkursy, olimpiady. Prowadzi Powszechne Uniwersytety Wiedzy Ekologicznej, letnie szkoły i obozy ekologiczne. Inspiruje i inicjuje działania na rzecz środowiska przyrodniczego. LOP podejmuje interwencje w obronie przyrody i zgłasza inicjatywy w zakresie ochrony cennych obiektów przyrody.

Ogólnopolskie Towarzystwo Ochrony Nietoperzy (www.oton.sylaba.pl)

Ogólnopolskie Towarzystwo Ochrony Nietoperzy (OTON) powstało w 1994 roku. Celem jego działalności jest ochrona nietoperzy, ich siedlisk i schronień. W tym celu prowadzona jest dokumentacja stanu i zagrożeń krajowej fauny nietoperzy, opracowywane są metody praktycznej ochrony nietoperzy i ich kryjówek. Towarzystwo popularyzuje w społeczeństwie wiedzę na temat nietoperzy, ich znaczenia oraz zagrożeń, a także stara się przełamywać uprzedzenia i kształtować pozytywny stosunek do tych ssaków.

Ogólnopolskie Towarzystwo Ochrony Ptaków (www.otop.org.pl)

Ogólnopolskie Towarzystwo Ochrony Ptaków (OTOP) działa od 1991 roku na terenie całego kraju. Główne cele działalności to: ochrona dziko żyjących ptaków i ich siedlisk, poznawanie stanu i zagrożeń krajowej awifauny oraz szerzenie w społeczeństwie wiedzy na temat ptaków, ich znaczenia oraz zagrożeń ich bytowania. OTOP prowadzi także kampanie: „Ochrona Puszczy Białowieskiej" oraz „Kaskady Dolnej Wisły" (kampania skierowana przeciwko projektom kaskadyzacji dolnej Wisły).

Ornitologiczna Grupa Robocza Doliny Wisły „Czaplon" (www.czaplon.most.org.pl)

Od momentu powstania (1994 rok) realizuje programy o charakterze badawczym oraz ochronnym. Dzięki wysiłkom „Czaplona" obszar górnej Wisły uznany został za ostoję ptaków o randze europejskiej i włączony do systemu terenów chronionych „Natura 2000".

Programy badawcze realizowane przez członków grupy:
– liczenie ptaków lęgowych na zbiornikach i stawach w całej Dolinie Górnej Wisły;
– polęgowe liczenie ptaków na stawach;
– liczenie ptaków na Zbiorniku Goczałkowickim;
– badanie przelotu ptaków wróblowych nad Zbiornikiem Goczałkowickim;
– obrączkowanie pierzących się łabędzi niemych na stawach Przeręb;
– biologia rozrodu rybitwy białowąsej *Chlidonias hybridus* na Zbiorniku Goczałkowickim i na stawach.

Działania ochronne:
– inwentaryzacja i opis wszystkich wysp na stawach ze zwróceniem szczególnej uwagi na ich znaczenie dla ptaków;
– inwentaryzacja i opis przyrodniczy wszystkich zbiorników wodnych, stawów, starorzeczy i oczek wodnych.

Na powyższej liście – setki podejmowanych przez ludzi działań na rzecz przyrody. Aby inni mogli działać skutecznie, my też powinniśmy coś robić, zwiększyć własną aktywność, włączyć się czynnie w te działania, a przy okazji lepiej poznać otaczający świat. Wokół zagrożonych, wymierających gatunków zwierząt, pojawiających się na obszarach między Odrą a Bugiem, które wymagają szczególnej ochrony, istnieje wiele ciekawych historii: legend, ciekawostek, niesłychanych opowieści, przekazów ustnych i pisanych. Świat zwierząt to prawdziwe źródło tematów do dyskusji, własnych opowieści, początek nowych wrażeń, przeżyć, radości.

Nie pozbędziemy się stereotypów, na przykład o nietoperzach jako ssakach atakujących nagle ludzkie głowy, jeśli nie będziemy nic o nich wiedzieli, jeśli nie poznamy ich z bliska. Nietoperz w pustą głowę nigdy się nie wkręci – tak powiadają znawcy gatunku. Kto z nas wie, jak bogate słownictwo mieli nasi przodkowie dla nazwania tego gatunku? Przeczytajcie na głos: niedoperz, niedopyrz, gacek, gacopyrz, hętopyrz, niecopyrz, gacopierz, krętoperz, latonka, latoperz, latopierz, latopyrz, mętoperz, mehtopirz, mentoperz, myntopyrz, szętopierz, mtopyrz (nazwa staropolska), gacopierz (nazwa góralska). Kto z nas – pijąc poranną kawę – ma świadomość, że na plantacjach kawy, gdzie stosowanie środków chemicznych jest zakazane, to właśnie nietoperze są żywymi środkami owadobójczymi?

Czy wiemy co to jest: bielik, czaplon, derkacz, rak szlachetny, rybitwa białowąsa, siwerniak, sowa płomykówka?

Nie. Nie wiemy. Ale chcemy wiedzieć!

Wskazaliśmy kilka wyznaczonych przez innych szlaków, kilka ścieżek; podaliśmy najważniejsze adresy. Pozwolimy sobie przywołać jeszcze jeden. Może nigdy wcześniej nie słyszeliśmy o Ogólnopolskim Towarzystwie Ochrony Ptaków? Jeśli nie – rozwińmy jak najszybciej nasze skrzydła i zostańmy przyjaciółmi OTOP oraz jego podopiecznych!

Kontakt z Ogólnopolskim Towarzystwem Ochrony Ptaków (OTOP)
Centrala OTOP
ul. Odrowąża 24
05–270 Marki k. Warszawy
tel.: (22) 761 82 05; faks: (22) 761 90 51
e-mail: biuro@otop.org.pl
(22) 761 82 05; faks: (22) 761 90 51
e-mail: biuro@otop.org.pl

Pomorskie Biuro OTOP
ul. Hallera 4/2
80–401 Gdańsk
tel./faks (58) 341 26 93
e-mail: pomorze@otop.org.pl

Zachodniopomorskie Biuro OTOP
ul. Armii Krajowej 12/320
72–600 Świnoujście
tel. 0503 036 977
e-mail: pomorze_zachodnie@otop.org.pl

Podlaskie Biuro OTOP
ul. Wojska Polskiego 12/1
19–104 Trzcianne
tel./faks (85) 738 50 37
e-mail: podlasie@otop.org.pl

O tym Towarzystwie zamieściliśmy już notkę powyżej. Działa ono na terenie całej Polski już od dwudziestu lat. Chętnie przyjmuje pasjonatów przyrody, którzy swój czas pragną poświęcić na tzw. monitoring, czyli obserwowanie życia ptaków, zdobywanie danych o liczebności poszczególnych gatunków na wyznaczonych przez ornitologów obszarach całej Polski, jak również w rezerwatach.

Modne słowo monitoring dotyczy już prawie wszystkich dziedzin życia. Monitoruje się miasta, szkoły, równość płci, stan czystości wód. Posłowie sejmowi i przeróżni politycy uwielbiają w swych wypowiedziach monitorować wszystko i wszystkich, bez względu na okoliczności i znaczenie tego słowa-wytrychu. Na nasz własny użytek przyjmiemy definicję ze środowiska geografów, według której monitoring to **system długookresowej lub powtarzalnej obserwacji danego typu zjawisk**.

W ornitologii programy monitoringu są stosowane w celu gromadzenia informacji na temat stanu ilościowego ptaków pospolitych lęgowych, gatunków zagrożonych, najrzadszych ptaków, najcenniejszych ostoi ptaków w Polsce. Pozwala to na ustalenie m.in. zmian w liczebności ptaków na danym obszarze, ilości ich siedlisk, np. wodniczki, małego ptaka o masie ciała 12 gramów, na której ochronę Unia Europejska przeznaczyła specjalne fundusze.

OTOP stawia na ludzi, którzy lubią obserwować i liczyć. Bez względu na doświadczenia zawodowe, zainteresowania, rozkład domowych zajęć –

ptaki można obserwować zawsze i wszędzie. A przy okazji można zachwycać się ich barwnym upierzeniem, zachowaniem (np. godowym), śpiewem i ich niezależnością. W niektórych państwach (np. USA) to zajęcie staje się coraz modniejsze, często traktowane jest jako hobby. Amatorzy-ornitolodzy, wolontariusze ptasich organizacji uwieczniają swych faworytów na zdjęciach, które potem zamieszczają na stronach internetowych.

Zdarza się, że niektórym szczęśliwcom udaje się dokonać jakiegoś odkrycia. Co za radość! Jest się czym pochwalić przed kolegami. Ot, takie niezwykłe spotkanie z czterema młodymi czaplami nadobnymi, które wylęgły się po raz pierwszy w Polsce, w okolicach Zatora, o czym z nieukrywaną dumą pisze na jednej ze stron internetowych badacz-ornitolog Jacek Betleja (http://www.ptaki.info/news). Ale szczęściarz! Wcześniej (do sierpnia 2003 roku) nikomu nie udało się natrafić na czaple nadobne (zwane również czaplonami) zrodzone na polskiej ziemi.

By nawiązać kontakty z ornitologami, wystarczy udać się na jedną z konferencji, na jeden ze zjazdów lub święto skrzydlatych ulubieńców (np. Dni Ptaków na przełomie września i października). Skuteczniejszym sposobem może okazać się bezpośredni kontakt z najbliższą grupą lokalną, koordynowaną przez Ogólnopolskie Towarzystwo Ochrony Ptaków.

Taką grupę możemy założyć sami. Wystarczy tylko trochę chęci i kilkoro znajomych emerytów, którzy bezustannie narzekają na nudę emeryckiej egzystencji. Potem kontaktujemy się z grupą lokalną, działającą na danym terenie, lub z koordynatorem OTOP. Specjaliści z Towarzystwa są zawsze chętni do pomocy, zaangażowania i przeszkolenia tych, którzy dysponują wolnym czasem. Wcześniej możemy się zapoznać z Regulaminem Wolontariatu OTOP, zamieszczonym na stronie internetowej Towarzystwa. Zaczynamy działać i zapisujemy w notatniku kolejną inteligentną, przyjemną, pożyteczną wizytę u przyjaciół, którzy naprawdę nas potrzebują, choć o tym nigdy nie mówią.

A zimą? Jeśli jesteśmy nieco zmęczeni monitoringiem ptaków, rezerwujemy tę porę roku na odpoczynek przy muzyce. Wsłuchujemy się w nagrane na przykład na telefonie komórkowym dźwięki ptaków, rozpoznajemy je, zapamiętujemy albo korzystamy z nagrań do nauki identyfikacji ptaków po głosach. Uczymy się ptasiej mowy na ponowne spotkania z nimi w następnym roku, by dorównać genialnemu znawcy „ptasiego gadania" – Julianowi Tuwimowi, a w ten sposób, przeżywając radosne chwile, zagłuszamy zgrzyt jadących po szynach tramwajów lub „muzykę" flizowanej łazienki w mieszkaniu sąsiada.

Julian Tuwim, fragment wiersza *Ptasie radio*

A po piąte przez dziesiąte
Będą ćwierkać, świstać, kwilić,
Pitpilitać i pimpilić
Ptaszki następujące:
Słowik, wróbel, kos, jaskółka,
Kogut, dzięcioł, gil, kukułka,
Szczygieł, sowa, kruk, czubatka,
Drozd, sikorka i dzierlatka,
Kaczka, gąska, jemiołuszka,
Dudek, trznadel, pośmieciuszka,
Wilga, zięba, bocian, szpak
Oraz każdy inny ptak.

Kiedy za oknem pojawi się pierwszy śnieg, możemy rozpocząć przygotowania do pracy nad scenariuszem zimowego dokarmiania ptaków. Choć żyjemy w klimacie umiarkowanym, czasami pogoda płata nam figle i zmienia go w klimat nieumiarkowany. Powinniśmy wtedy okazać naszym ulubieńcom współczucie w tej najtrudniejszej dla nich porze roku. I jednocześnie udowodnić sobie, że jesteśmy dobrzy i przez cały rok dbamy o małe istoty, do których już zdążyliśmy się przywiązać. Poświęcamy więc kilka wieczorów na zapoznanie się ze stronami internetowymi dotyczącymi dokarmiania ptaków. Informacji jest dużo. A jeśli nie mamy na to ochoty, wynosimy na balkon kilkanaście wyłuskanych orzeszków lub idziemy na zimowy spacer z kawałkami rozdrobnionego chleba, które ze smakiem zjedzą kaczki lub mewy. Zbudowanie karmnika odkładamy na dzień następny.

Nie możemy przecież pozwolić na ich selekcję naturalną, bo jesteśmy świadomi tego, że to nikt inny, tylko człowiek swoją działalnością odmienił przyrodę. W wyniku naszych nieprzemyślanych działań niebywale utrudniliśmy adaptację zwierząt do warunków środowiskowych, trudno więc mówić o naturalnym zdobywaniu pokarmu przez ptaki w zimie. To zobowiązuje nas do pomagania wtedy takim ptakom, jak: czyżyki, dzięcioły, dzwońce, grubodzioby, kosy, mazurki, sierpówki, sikorki modre i ubogie, sikory bogatki, sójki, trznadle, wróble domowe, rudziki, szpaki i zięby.

Na zakończenie rozdziału powróćmy do Przystani Ocalenie, od której zaczęliśmy rozmowę na temat świata zwierząt. Przeczytajcie list Gosi i Patryka – pisany sercem (okiem wolontariuszy, http://www.przystanocalenie.pl):

Mam na imię Gosia, razem z moim chłopakiem Patrykiem jesteśmy wolontariuszami Komitetu Pomocy dla Zwierząt w Tychach.

Od czerwca 2003 roku pomagamy w przystani i przez ten czas udało nam się dokładnie poznać, do czego zdolni są ludzie. Wcześniej tylko słyszeliśmy o okrutnych przypadkach znęcania się nad zwierzętami, ale nigdy nie widzieliśmy efektów tego na własne oczy.

W ciągu swojej długoletniej działalności Komitet Pomocy dla Zwierząt w Tychach ocalił wiele zwierząt, ale największą pasją jest ratowanie koni. Jest ich już 33; jednakże z różnych przyczyn, szczególnie finansowych – nie wszystkie mogą mieszkać razem w przytulisku. Pozostałe przebywają u zaprzyjaźnionych i sprawdzonych przez Komitet ludzi.

Uratowanie każdego istnienia jest dla nas bardzo ważnym wydarzeniem, które napawa nasze serca radością, a dusze wypełnia dumą. [...]

Zaczęło się to 18 sierpnia zeszłego roku, kiedy jako młodzi członkowie komitetu pojechaliśmy na inspekcję targowiska końskiego w Bodzentynie. Tam właśnie zobaczyliśmy źrebaka, który ledwo stał na nogach. Miał około trzech miesięcy, był chudy, jakiś nieforemny, przewracał się, gdyż nie umiał stać na przednich nogach. Przywiązany na sznurku był ukrywany przed ludźmi, jego właściciel się go wstydził albo czekał na okazję, aby niepostrzeżenie sprzedać go do rzeźni. Jego widok ściskał za serce. Cały czas próbowaliśmy walczyć ze swoimi emocjami, lecz kiedy zobaczyliśmy tak niewielkie, niewinne i kruche maleństwo słaniające się na nogach, nasze nerwy nie wytrzymały.

Ja i Patryk płakaliśmy jak dzieci, cali trzęśliśmy się w emocjach, pytając nadaremnie „dlaczego?". Patryk był tak zdenerwowany, że nie potrafił zrobić żadnego zdjęcia, bo strasznie trzęsły mu się ręce. Właściciel nie chciał nic mówić, ostatecznie podpisał zrzeczenie się źrebaka, uradowany, że pozbył się problemu. A my ucieszyliśmy się, że możemy dać źrebakowi szansę na lepsze życie. Był wyjątkowo ufny, tulił się do ludzi jak piesek, prosił o głaskanie i pieszczoty.

Po załadowaniu do przyczepy zaraz się położył, ale nie chciał zostać sam, więc ja z koleżanką jechałyśmy razem z nim. Kładł nam głowę na kolanach, domagał się głaskania, a gdy tylko na chwilę tracił nas z oczu – natychmiast nas szukał, odwracając głowę i rżąc. Bardzo związaliśmy się z nim emocjonalnie.

Po przyjeździe do Przystani przyjechał weterynarz. Od razu stwierdził, że jego stan jest prawdopodobnie wynikiem urazu bądź porodu z komplikacjami, a niemożność chodzenia wynikiem skurczu ścięgien. Nadal nie mógł stać, ciągle się przewracał, był ciągle poraniony.

Robiliśmy wszystko, żeby polepszyć jego stan zdrowia – masowaliśmy mu nogi, wyprowadzaliśmy na spacery. Często kładł głowę na naszych kolanach i przyglądał się, patrząc nam w oczy. Gdyby mógł, uśmiechnąłby się lub przemówił.

Jego stan pogarszał się i konieczna była operacja. Niestety, dwa dni po operacji, 25 września odszedł. Był to dla nas straszny wstrząs, ponieważ wierzyliśmy, że nam się uda, włożyliśmy w to tyle pracy i miłości..., ale nie dane nam było zobaczyć, jak biega radośnie bez utykania i przewracania się. Jego śmierć była dla nas wielkim zaskoczeniem i ciosem, na zawsze pozostawiła ślad w naszych sercach. Nigdy o nim nie zapomnimy.

Praca w „Przystani Ocalenie" daje nam wiele radości i satysfakcji. Dopiero tutaj zdaliśmy sobie sprawę, że można robić coś więcej niż chodzić na demonstracje i rzucać słowa na wiatr, krzycząc. Tu również doceniliśmy pracę dla „mniejszych braci".

Szanujemy organizację, która nie jest sponsorowana przez rząd. Zapał tych ludzi wypływa z serc czystym, wolnym od pogoni za pieniędzmi strumieniem. Pamiętamy też o sponsorach, bo dzięki pomocy tych życzliwych ludzi możemy istnieć. Miejmy nadzieję, że ich nie zabraknie. [...] Dzięki nim, możemy dumnie stawiać czoła okrucieństwu i bestialstwu, do jakiego zdolny jest człowiek. Możemy głośno krzyczeć Dość tego!

Gosia i Patryk

Ten krzyk młodości powinien zostać usłyszany. Jest nas przecież aż 10 milionów!

Rozdział ósmy

Sprzątanie świata. Pomóż Ziemi!

Nie ma znaczenia, z jakiego punktu startujesz, ważne jest, dokąd zmierzasz.

Nikt emerytom nie liczy lat, ale każdy wie, że jedni są jeszcze w kwiecie wieku, silni, nieprzepracowani. Inni, którym szczęście nie dopisało, odeszli na emeryturę, mając 60 lub 65 lat. Bez względu na wiek – przez dziesiątki lat – i jedni, i drudzy korzystali z darów Ziemi. Wygrzewali się na piaskach, które z takim trudem naniosło morze. Schładzali się pod konarami drzew, chroniącymi ich przed upałem. Zachwycali się wschodem i zachodem słońca, tęczą, wodospadami, lodowcami, kanionami. Wylegiwali się na miododajnych łąkach, wsłuchując się w bzyczenie owadów, ćwierkanie jaskółek, kumkanie żab, stukanie dzięcioła, beczenie bekasa, klekotanie bociana...

Mieli to wszystko za darmo, czasami w nadmiarze. Mieli i wciąż jeszcze mają, bez zastanawiania się, czy ich potomkowie za kilkadziesiąt lat usłyszą – przynajmniej raz w życiu – brzęczenie pszczół lub ryk młodego jelenia poszukującego łani.

Bądźmy inni. Zadbajmy o Ziemię. Pomóżmy Jej! Chrońmy nasz świat dla przyszłych pokoleń, bo przecież to nikt inny, tylko my, ludzie zaśmiecaliśmy ją od setek lat!

Dzięki różnym akcjom, literaturze, publikacjom, telewizji i prasie, szkole, znajomym, od niedawna buduje się nasza świadomość ekologiczna i potrzeba ochrony środowiska naturalnego. Zaczynamy się wstydzić tego, co czyniliśmy, i tego, co nadal – świadomie lub nieświadomie – czynimy.

Z całą pewnością w rozbudzaniu świadomości ekologicznej istotną rolę odegrała akcja znana pod nazwą *Clean Up World* (Sprzątanie świata), której twórcą jest australijski biznesmen Ian Bruce Carrick Kiernan. To właśnie on – pięćdziesięcioletni żeglarz-emeryt – zainicjował w 1989 roku sprzątanie

Zatoki w Sydney, nad którą się urodził i spędzał swoje dojrzałe życie. Kiernan, żeglując po morzach i oceanach świata, zrozumiał, że śmieci nie znają granic, że nie tylko lądy, ale również olbrzymie rozlewiska wód są zagrożone przez człowieka. Ponieważ uważał, że jest malutką cząstką globalnej społeczności, odpowiedzialnej za naturę, oburzył się, zareagował, przystąpił do działania. Pociągnął za sobą najpierw tysiące, a potem miliony ludzi dobrej woli. Podjęli oni działania, których celem było: sprzątanie, naprawianie i chronienie nadwerężonej przyrody. Realizowali proste i jednocześnie głębokie hasło: **Czyste środowisko oraz człowiek przyjazny naturze i drugiemu człowiekowi.**

Australijska moda na sprzątanie własnego podwórka szybko przyjęła się w Polsce. Jest to zasługa jednej kobiety – Miry Stanisławskiej-Meysztowicz. Pojawiła się ona w Polsce, jak pojawiają się w naturze życiodajne przypływy, niosąc ze sobą myśl o posprzątaniu rodzinnego kraju. W krótkim biogramie zamieszczonym w Internecie pani Mira pisze o trudnych początkach, o braku wiary ministerialnych urzędników w powodzenie akcji na większą skalę, mimo że o australijskim pomyśle Kiernana mówiło się w Polsce stosunkowo wiele.

> Po przyjeździe do Polski starałam się zainteresować akcją Ministerstwo Ochrony Środowiska, stamtąd skierowano mnie do Ministerstwa Gospodarki Przestrzennej, nadzorującego służby komunalne, i wszędzie spotykałam się z niewiarą, że działanie takie mogłoby się w Polsce udać. Padały kontrargumenty, że Polska przechodzi teraz czas trudnych zmian, że nie ma pieniędzy ani czasu na organizowanie takich akcji. Byłam zaskoczona negatywnym podejściem moich rozmówców. A ponieważ moje poglądy wyrażałam z wielką pasją i z zaangażowaniem, ktoś z przekąsem spytał, czy zamierzam posprzątać całą Warszawę. Odpowiedziałam, że nie tylko całą Warszawę, ale całą Polskę! Wówczas usłyszałam od rozmówcy, że życzy mi szczęścia i że mogę to sama zorganizować, jeśli mam ochotę. A ja sama do tej pory nie wiem, jak to się stało – powiedziałam, że dobrze, zorganizuję w Polsce Sprzątanie Świata i udowodnię, że to jest możliwe (http://www.mirastanislawska-meysztowicz.pl).

I tak się stało! Pasjonatka założyła **Fundację „Nasza Ziemia".** Był rok 1994.

Fundacja „Nasza Ziemia" (FNZ) wspólnie z samorządami, organizacjami, szkołami zaczęła realizować coroczne programy na rzecz ochrony środowiska. Od początku swego istnienia Zarząd Fundacji koordynuje działania kampanii „Sprzątanie Świata – Polska".

Dzięki prasie i telewizji o kampanii, jak również o programach fundacji dowiedzieli się wszyscy – również ci, którzy wątpili w skuteczność akcji – ekolodzy, urzędnicy, biznesmeni, studenci, młodzież szkolna i inni. Niektórzy z nich dołączyli do 40 milionów wolontariuszy całego świata. Programy Fundacji „Nasza Ziemia" skierowane są do wszystkich, również do nas – rencistów i emerytów. Najważniejsze z nich to:

- **„Czysta Gmina"** – propagujący wprowadzanie w gminach zintegrowanej gospodarki odpadami.
- **„Pomóżmy kasztanowcom"** – ratujący kasztanowce przed szkodnikiem szrotówkiem kasztanowcowiaczkiem.
- **„Ogrody Naszej Ziemi"** – koordynujący zakładanie ogrodów przy placówkach oświatowych.
- **„Przyjaciele lasu"** – wspierający społeczne akcje zalesiania terenów i edukacji ekologicznej w tym zakresie.
- **„Skazani na ekologię"** – proponujący jako jedną z form resocjalizacji więźniów działania na rzecz ochrony środowiska.
- **„Firma z klimatem"** – popularyzujący równoważenie i obniżanie emisji CO_2 w funkcjonowaniu firm, oszczędzanie energii elektrycznej, wody oraz racjonalną gospodarkę odpadami.
- **„Przyjaciele natury"** – szerzący wśród najmłodszych szacunek do otaczającej nas przyrody oraz upowszechniający podstawowe zasady ochrony środowiska.
- **„Klimat dla Ziemi, Ciepło dla Warszawiaków"** – program edukacyjny dla mieszkańców wielkich aglomeracji w zakresie przeciwdziałania zmianom klimatu, globalnemu ociepleniu planety poprzez oszczędzanie energii elektrycznej i cieplnej, zmniejszenie emisji CO_2. W ramach tego programu funkcjonuje – na bieżąco uzupełniana i aktualizowana – strona: www.klimatdlaziemi.pl.

Dziesięć lat później (2004 rok) Pani Mira zakłada kolejną fundację: „Sprzątanie świata – Polska", która rozpoczęła swą działalność zapewne po to, aby ludzie „pokochali swój najmniejszy skrawek ziemi, tak po prostu, na co dzień". Fundacja ta ma na celu popieranie międzynarodowej akcji ochrony środowiska *Clean up of World*, koordynowanie działań na terenie Polski, pomoc instytucjom i organizacjom prowadzącym działalność edukacyjną w zakresie ekologii i ochrony środowiska naturalnego. Z myślą o instytucjach edukacyjnych uruchomiono tzw. konkursy grantowe, których celem jest dofinansowanie projektów ekologicznych, przygotowanych przez szkoły, przedszkola i placówki pozarządowe. Działalność Fundacji rozszerzono o ochronę krajobrazu i dziedzictwa kulturowego. Uwzględniono również problemy związane z wdrażaniem rolnictwa ekologicznego, z tzw. zrównoważonym transportem i ochroną niektórych gatunków zwierząt i ptaków. Opracowano i oddano do użytku internautów specjalny portal recykling.pl, na którym można znaleźć wiele informacji na temat gospodarki odpadami, selektywnej zbiórki i wykorzystania ich jako surowców w procesie technologicznym.

Pomysłowość Miry Stanisławskiej-Meysztowicz i jej ekipy nigdy się nie wyczerpuje. Autorzy programów **Fundacji „Sprzątanie świata – Polska"** i **Fundacji „Nasza Ziemia"** pomyśleli również o Bałtyku, rozpoczynając kampanię informacyjno-edukacyjną, skierowaną do wszystkich Polaków; zarówno tych, którzy mieszkają u jego wybrzeży, jak i w głębi kraju. Projekt ten ma charakter proekologiczny, którego głównym celem jest poprawienie stanu czystości środowiska – ekosystemu Morza Bałtyckiego i plaż nad nim położonych.

W jego realizacji nie może zabraknąć nas – emerytów, przybywających tłumnie na polskie wybrzeże jako turyści. Aby wypoczywać na jego czystych plażach – zmobilizujmy siły i włączmy się czynnie w tę kampanię!

Oto jej najważniejsze cele:

1. Promocja proekologicznych postaw i poczucia odpowiedzialności za środowisko naturalne, zwłaszcza za czystość Morza Bałtyckiego i jego plaż.
2. Przeciwdziałanie degradacji środowiska, wskazanie prostych sposobów minimalizowania negatywnego wpływu człowieka, inicjowanie i motywowanie do podejmowania działań sprzyjających poprawieniu stanu czystości wód i plaż Bałtyku.
3. Poprawienie bezpieczeństwa ekologicznego mieszkańców wybrzeża.

Warto jeszcze raz przypomnieć, że w programach fundacji co roku uczestniczy blisko dwa miliony wolontariuszy!

Dołączmy do nich! A wcześniej przypomnijmy znajomym o tym, że akcja sprzątania Polski odbywa się rokrocznie w trzeci weekend września.

Ta pielęgnowana, chroniona Ziemia jest również nasza! Poświęćmy zatem i my trochę wolnego czasu na akcje sprzątania Bałtyku, brzegów i dna Wisły, ratowania niektórych gatunków drzew. Swoim zaangażowaniem poprzyjmy te działania, ponieważ nie oni, ale **my** jesteśmy odpowiedzialni za wytwarzanie coraz większej ilości odpadów.

Próbowaliśmy wskazać Wam ogólne kierunki działań. Mamy nadzieję, że Was zachęciliśmy i w jakiś sposób zainspirowaliśmy. Mamy przecież tylko jedną planetę, którą ludzie przed ludźmi muszą chronić!

Wystarczy tylko chcieć coś zrobić, przygotować się do tego... i zrobić to!

Na swoim osiedlu, w swojej dzielnicy, wiosce powołujemy społeczny komitet organizacyjny. Naszym celem jest posprzątanie najbrudniejszych, najbardziej zanieczyszczonych miejsc w okolicy. Zaczynamy rozmawiać z sąsiadami, właścicielami mieszkań w bloku, z kioskarkami, z osobami prowadzącymi sprzedaż warzyw i owoców. Prowokujemy rozmówców prostymi pytaniami lub stwierdzeniami, od których zwykle rozpoczyna się rozmowę, np. w windzie wieżowca albo w kolejce do najbardziej popularnych w mieście salonów odzieży używanej: „A może byśmy...", „Co Pani/Pan myśli na temat...", „Najwyższy czas, żeby coś zrobić..." itd. W rozmowach staramy się pozyskać jak najwięcej ochotników do akcji.

Udało się. Powołujemy teraz komitet organizacyjny. Oczywiście pamiętamy, że teren osiedla nie jest ziemią niczyją. Nawiązujemy kontakt z przedstawicielami administracji, którzy doskonale wiedzą, jak pracują służby oczyszczania miasta. Nikt lepiej nie wywiezie śmieci zebranych w czasie akcji niż one. Wspólnie z administracją zapewniamy całkowite bezpieczeństwo uczestnikom akcji i ruszamy do dzieła. Jak w czasach socjalizmu..., tylko trochę inaczej, bo mamy pełną świadomość, dla kogo pracujemy.

Przed i w czasie akcji wyznaczony organizator, koordynujący wszelkie działania – szczęśliwy i dumny jak paw – kontaktuje się z redaktorem lokalnej gazety osiedlowej, regionalną rozgłośnią radiową lub stacją telewizyjną i opowiada, w jaki sposób zaśmiecony kawałek terenu publicznego odzyskał swój blask. Ktoś inny proponuje sobotni piknik pod osiedlową płaczącą wierzbą – aby się pochwalić szlachetnym czynem i dać innym przykład do pozytywnego działania.

Nie jesteśmy jednak osobami naiwnymi. Jednorazowa zbiórka śmieci – nawet najlepiej zorganizowana – nie rozwiąże problemu odpadów, ale uczestnictwo w tej akcji będzie miało wpływ na zmianę naszej mentalności.

Po dobrze spełnionym obowiązku lubimy odpocząć. Najlepiej w wygodnym fotelu, na sofie lub w łóżku. Kiedy relaksujemy ciało, w głowie często rodzą się mądre myśli. Ukierunkujmy je, naprowadźmy na właściwą drogę.

Czy chcemy zamienić swoje otoczenie w betonowe pustynie z wysypiskami śmieci, na których nie będą chciały rosnąć nawet uciążliwe chwasty, takie jak: ostrożeń, pokrzywy, mniszki, skrzyp, oset kędzierzawy, łopian pajęczynowaty?

Czy jesteśmy członkami społeczeństwa nieodpowiedzialnego za wygląd naszej okolicy – biernego, obojętnego, egoistycznego, konsumpcyjnego? Czy jesteśmy zainteresowani jakością życia lokalnej społeczności: sąsiadów, znajomych i innych ludzi znanych nam tylko z twarzy? Czy zrobiliśmy coś w swoim życiu dla wspólnego dobra? Czy żyjemy tylko dla siebie?

Wspomnieliśmy już wcześniej, że refleksja zależy od własnego doświadczenia, wiedzy i właściwego skierowania myśli (pytań) ku sobie. Kwestia odpadów i utrzymania czystości powinna stać się sprawą pierwszoplanową w życiu codziennym. Wcześniej czy później musimy pomyśleć o następnych pokoleniach. Musimy coś zmienić w naszym życiu. Musimy przekazywać innym pozytywne wzorce ekologiczne, by dorównać europejskim sąsiadom: Holendrom, Szwajcarom, Austriakom, którzy mają dużo większą świadomość ekologiczną niż ta, którą my zaczęliśmy dopiero kształtować.

Bez względu na styl życia, obowiązki rodzinne i zawodowe, brak lub nadmiar wolnego czasu – zastanówmy się trochę, przemyślmy jeszcze raz nasz stosunek do świata, do Ziemi. Jeśli chcemy zrobić coś pożytecznego i szlachetnego – zawsze znajdziemy czas. Zwłaszcza na emeryturze!

Nie dajmy się oczarować supermarketom, opakowaniom produktów na rynku, wypełnioną po brzegi lodówką i spiżarnią u sąsiadki, ciotki lub teściowej. Nie idźmy w ślad za tymi, którzy hołdują ekonomii jednorazowego użytku przedmiotów i produktów oferowanych nam przez handel. Kupujmy świadomie, rozważnie!

Kupujmy rozsądnie!

Kupujmy rzeczy wielorazowego użytku!

Przekazujmy rzeczy zbędne organizacjom charytatywnym oraz ludziom potrzebującym!

Segregujmy nasze odpady. Wrzucajmy je do odpowiednich pojemników!

Nie wyrzucajmy śmieci na dzikie wysypiska, zwłaszcza do rzek i jezior lub nad ich brzegi!

Nie myjmy samochodów nad zbiornikami wodnymi!

Nie wlewajmy do sedesu, do rzek, jezior itp. żadnych ścieków, a zwłaszcza kwasów, oleju, niebezpiecznych substancji!

Przeterminowane leki odnośmy do apteki!

Używajmy w kuchni biodegradowalnych środków czystości oraz dozujmy proszek do prania i inne detergenty według zaleceń producenta!

Nie stosujmy na działkach i polach nadmiernych ilości nawozów sztucznych!

Oszczędzajmy wodę i energię, a nasze rachunki będą niższe!

Pamiętajmy o tym, że nasze niechlubne „prezenty" oddawane naturze – płyny lub ciała stałe – np. w Skarżysku Kamiennej, jeśli nie jutro, to za dwadzieścia lat przylepią się komuś do nogi nad Bałtykiem.

Na zakończenie rozdziału o Ziemi proponujemy wypełnić mały kwestionariusz zatytułowany „Pytania zadawane sobie", który być może pozwoli nam na łatwiejsze odnalezienie prawdy o sobie i świecie nas otaczającym.

Kwestionariusz „Pytania zadawane sobie"

1.

	TAK	NIE
Czy naprawdę myślisz, że człowiek jest tylko mieszkańcem Ziemi, a nie jej właścicielem?	☐	☐
Czy da się posprzątać własne otoczenie?	☐	☐
Czy jesteś cząstką natury?	☐	☐
Czy klimat jest zagrożony?	☐	☐
Czy los Ziemi jest w twoich rękach?	☐	☐
Czy akcja „Sprzątanie świata – Polska" dotyczy również ciebie?	☐	☐

2.

Czy mógłbyś/mogłabyś poświęcić wolny czas na emeryturze:		
– Fundacji „Nasza Ziemia"?	☐	☐
– Fundacji „Sprzątanie Świata – Polska"?	☐	☐
Czy chciałbyś/chciałabyś:		
– utworzyć własny Klub Naszej Ziemi[14]?	☐	☐
– zaproponować coś nowatorskiego w dziedzinie ekologii?	☐	☐

Dla tych, którzy wyciągną właściwą konkluzję z wypełnienia kwestionariusza, przedstawiamy w skrócie wyniki raportu *Millenium Ecosystem Assessment* z grudnia 2006 roku, opracowanego na zlecenie Organizacji Narodów Zjednoczonych[15]. Z raportu wynika, że przez ostatnie pięćdziesięciolecie człowiek – na niespotykaną dotąd skalę – przekształcił większość ekosystemów Ziemi, niszcząc je, eksploatując i zanieczyszczając! Na skutek jego działalności nastąpiło nieodwracalne zaburzenie biologicznej różnorodności

---

[14] Kluby Naszej Ziemi są jednym z wielu programów Fundacji „Nasza Ziemia". Powstały one, aby zachęcić uczniów do czynnego współuczestnictwa w akcjach na rzecz ochrony środowiska. W tworzenie i prowadzenie klubów mogą się zaangażować wykładowcy wyższych uczelni, nauczyciele szkolni, opiekunowie grup chętnych do współpracy. Aby rozpocząć działalność, należy skontaktować się z FNZ: fundacja@naszaziemia.pl.
Jak zapewniła nas w rozmowie telefonicznej jej fundatorka, pani Mira Stanisławska-Meysztowicz, Fundacja z otwartymi rękoma przyjmie każdą propozycję utworzenia takiego klubu.

[15] Raport *The UN Millenium Ecosystem Assessment* został opublikowany w styczniu 2007 r. na stronie www.publications.parliament.uk/pa/cm.

życia na Ziemi. Autorzy raportu alarmują, że „ludzka aktywność obciążyła i wykorzystała naturalne zasoby w stopniu, który zagraża egzystencji przyszłych pokoleń".

Tomasz Mann napisał w *Czarodziejskiej górze*, że

> [...] dzieci i wnuki przypatrują się, aby podziwiać, a podziwiają, aby się uczyć i kształcić w sobie to, co drzemie w nich jako odziedziczone cechy.

Nie pozwólmy im odebrać kolorów natury, którym sami wciąż możemy się przypatrywać oraz podziwiać.

To nie ostrzeżenie. To wołanie o pomoc. Zechciejcie je usłyszeć, bo słysząc wołanie o pomoc, zaczynamy działać i wzbudzamy u innych chęć do działania!

Rozdział dziewiąty

Odwrócona hipoteka.
Podróż luksusowym statkiem do tajemniczego
Machu Picchu. Oferta adresowana
wyłącznie do seniorów

Najważniejszym powodem, dla którego ludzie nie osiągają tego, czego chcą, jest to,
że sami nie wiedzą, czego chcą.
T. Harv Eker

Ze względu na starzejące się społeczeństwo w naszym kraju nowość w dziedzinie finansów, czyli **odwrócona hipoteka**, może w niedalekiej przyszłości okazać się niezwykle interesującą propozycją bankowo-emerytalną dla seniorów, szansą na ich godniejsze życie. Obecny poziom świadczeń emerytalnych – zdaniem niektórych polskich analityków – nie jest alarmujący. Również dane płynące z raportu Komisji Europejskiej z 2009 roku nie przedstawiają się źle. W prasie i innych środkach masowego przekazu jedni piszą lub mówią, że polski emeryt ma stosunkowo dobrą i pewną sytuację, inni – że klepie biedę. Niedobrze wierzyć w analityków lub innych proroków świata liczb bezwzględnych, lepiej być pewnym własnego portfela – powiadają przezorni. Sami przecież najlepiej wiemy, że po przejściu na emeryturę utrzymanie stopy życiowej z czasów aktywności zawodowej jest mało prawdopodobne. W dodatku wielu rodaków – nawet tych, którzy są dumni z posiadania umowy o pracę, w czasie sobotnio-niedzielnych zakupów w centrach handlowych zauważa przed kasą, że plastikowy koszyk staje się coraz lżejszy, natomiast ich debet kumuluje się wirtualnie i narasta zaraz po przekroczeniu linii kasy.

Coraz częściej słyszy się przebąkiwania doradców bankowych o wspomnianej powyżej odwróconej hipotece lub odwróconym kredycie hipotecznym. W ankiecie przeprowadzonej w czterech krakowskich bankach tylko dwie doradczynie odpowiedziały nam, że coś słyszały o tym projekcie wprowadzanym w Polsce. To nieźle – pomyśleliśmy. Słyszą, że dzwonią, choć nie wiedzą, w którym kościele.

Dotarliśmy więc do akademickiego specjalisty z zakresu bankowości.

A, chodzi wam o tzw. *reverse mortgage?* – zapytał specjalista.

Tak, tak – usłyszał pośpieszną odpowiedź.

To, szanowni państwo, nie pasuje do polskiej mentalności. Zawracanie ludziom głowy. Jeszcze jeden pomysł przywieziony z Ameryki, o którym bębniły media chyba rok albo dwa lata temu. Kto u nas odda swój dorobek życia bankom za emeryturę? Pewnie ci, którzy nie mają dzieci ani rodziny.

Po tej krótkiej rozmowie i zgromadzeniu dokumentacji na temat odwróconej hipoteki poczuliśmy nieogarnioną chęć wgłębienia się w to, co nie pasuje do naszej mentalności, ponieważ pochodzi ze Stanów Zjednoczonych. Od dwudziestu lat żyjemy w przekonaniu, że my, Polacy, połykamy każdy haczyk – nawet z kawałkiem potrójnie wychlorowanego kurczaka – rzucany zza Oceanu w kierunku Europy.

Poza tym urzekł nas pomysł podróży Marco Polo Travel luksusowym statkiem w *Premium Deluxe Class* do tajemniczego i najpiękniejszego miasta Inków – Machu Picchu, o którym opowiadają bogaci znajomi. Zgodnie z cennikami rachunek za taki rejs opiewa na kwotę ponad ośmiu tysięcy dolarów amerykańskich, ale biuro podróży Marco Polo Travel oferuje za tę kwotę niespotykany nigdzie poziom usług i gwarantuje każdemu klientowi najwyższy stopień satysfakcji.

Po latach pracy móc stanąć własnymi stopami na południowo-amerykańskim kontynencie – to wielka gratka. Drugi raz może się to nie powtórzyć! Eldorado dla bogaczy, obieżyświatów niezaglądających nigdy do portfela; kolorowe, gwarne miasta, inne plaże, malownicze szlaki w Andach, dziewicze wyspy tropikalne, wodospady, kaniony, bajeczny ogród botaniczny w Georgetown, zaginione miasto Ciudad Perdida w Kolumbii. I... tarasy, budowle, schody z 1200 stopniami w Machu Picchu! Tajemniczość południowo-amerykańskiej przestrzeni: rytm tanga, salsy i samby – aż nieruchome, wbite w magiczny, latynowski grunt nogi same podrywają się do tańca!

Brazylijski pisarz Paulo Coelho powiada tak: „chwyć dłoń Boga i walcz o swoje marzenia, aby ich spełnienie dokonało się we właściwym momencie". Uwierzmy w możliwość spełnienia swoich marzeń. Bądźmy pewni, że życie może stać się fascynujące. Zastanówmy się razem, jak tego dokonać.

Zapamiętajmy sobie wspomniany termin handlowy lub zapiszmy go w notesie: **odwrócona hipoteka**, by w wolnym czasie poznać jej mechanizmy. Nasz poradnik wam w tym pomoże, bo taki jest jego cel.

Co to jest odwrócona hipoteka?

To bezbolesna operacja kredytowa, na którą może się zdecydować każdy senior posiadający własną nieruchomość. Za sprawą odwróconej hipoteki, która jest połączeniem dwu systemów: bankowości hipotecznej i systemu emerytalnego, właściciel mieszkania, domu, willi otrzymuje **dożywotnią rentę pod zastaw swej nieruchomości**, co oznacza szybką zamianę statusu społecznego seniora – właściciela nieruchomości. Ujmując to prościej: odwrócona albo odwrotna hipoteka to rodzaj lustrzanego odbicia powszechnie znanego kredytu hipotecznego. W odbiciu lustra możemy zobaczyć siebie – bogatego i godniejszego, bez typowego dla rodzimego emeryta przetartego i dziurawego portfela.

Co dzięki temu osiągamy?

Operacja ta umożliwi właścicielowi nieruchomości płynne wycofanie części kapitału zainwestowanego wcześniej w zakup nieruchomości, co w przypadku osób potrzebujących dodatkowych środków finansowych po przejściu na emeryturę, nazwalibyśmy znalezieniem wyjścia w sytuacji bez wyjścia; szansą na lepsze jutro.

Kto podsunął nam ten pomysł?

Wydaje się, że głównymi pomysłodawcami byli Amerykanie, a urzeczywistnieniem tego projektu i jego naukowym opracowaniem zajął się absolwent Akademii Ekonomicznej we Wrocławiu – Piotr Łyszczak, który w 2006 roku obronił pracę pt. *Reverse mortgage jako innowacyjny produkt na rynku kredytów hipotecznych w Polsce* (zob. www.reversemortgage@o2.pl). Praca ta otrzymała pierwszą nagrodę w konkursie prac magisterskich „Nowoczesna bankowość w zjednoczonej Europie", organizowanym przez BRE Bank. Oficjalnie termin „odwrócona hipoteka" wprowadzono do dokumentu „Strategia Długofalowego Rozwoju Sektora Mieszkaniowego na lata 2005–2025" przygotowanego przez polskie Ministerstwo Infrastruktury.

Przeprowadzając dość długie poszukiwania związane z odwróconą hipoteką, na stronie internetowej GazetaDom.pl (dostęp: listopad 2006 rok) ujrzeliśmy młodzieńcze zdjęcie szefa resortu budownictwa. Obok dobrze skadrowanej fotografii widnieje krótka informacja o najnowszym pomyśle ministra Andrzeja Aumillera. Brzmi ona następująco:

> Emeryt, który odda gminie swoje mieszkanie (własnościowe), dostanie od niej dożywotnią rentę. W zamian za możliwość zajmowania mieszkania emeryt dostawałby od gminy kilkaset złotych miesięcznie. Po jego śmierci gmina mogłaby przydzielić lokal kolejnym lokatorom lub wystawić go na przetarg.

Autor tej notatki – Marek Wielgo – powołując się na słowa ministra, powiadamia czytelników, że w resorcie trwają już prace nad założeniami do projektu ustawy w tej oto sprawie. Ucieszyliśmy się, że coś się ruszyło w kręgach rządowych. Jednak nie na długo. Pomysłowy minister 13 sierpnia 2007 roku po rekonstrukcji rządu byłego premiera stracił stanowisko. Wedle wszelkich znaków na niebie i ziemi, ministrowi łatwiej było wyrzec jedną deklarację w trybie warunkowym, niż szybko ruszyć głową i wprowadzić swój pomysł w życie.

Na początku 2008 roku opublikowano w gazetach i na serwisach internetowych informacje o tym, że kilka banków przygotowuje się do oferty, która może ziścić marzenia o godnym życiu na emeryturze. Dziennikarze tłumaczyli, jak mogli angielski termin *reverse mortgage*, wyjaśniali jego tajniki, przedstawiali zalety i wady, wspominali o braku przepisów zabezpieczających tego rodzaju transakcje. Prześcigali się w wymyślaniu tytułów i podtytułów do swych artykułów, relacji, notek. Jedne były neutralne: *Dorobek życia za emeryturę, Odwrócony kredyt ułatwi życie nie tylko na emeryturze, Oddam mieszkanie za rentę, Jeszcze poczekam, Pieniądze do końca życia*; inne dawały odczuć rezerwę lub obawy przed mało pewną innowacją: *Odwrócona hipoteka – zawracanie głowy, Pomysł na wyłudzanie pieniędzy, Odwrócona hipoteka – dobrze się zastanów!*. Zgodnie z tradycyjną arytmetyką polską – optymistów innowacyjnego pomysłu można policzyć na palcach jednej dłoni.

Co piszą na ten temat pesymiści?

Aktywistka Wrocławskiego Centrum Seniora, Małgorzata Rebenda, która powołuje się na nieznanych specjalistów, wieści na stronach Serwisu Informacyjnego WCS niepomyślny obrót sprawy i twierdzi, że nieruchomość dla Polaków nie może mieć wartości realnej, wymiernej w szeleszczących banknotach[16].

---

[16] M. Rebenda, *Odwrócona hipoteka: pomysł banków na pomoc Seniorom czy wyłudzanie pieniędzy*, www.cirs.wroclaw.pl. Wpis z 23 VII 2009 r.

Pomysł, który sprawdził się na Zachodzie, niekoniecznie zyska uznanie w Polsce – zwracają uwagę specjaliści. Powód? W naszej kulturze dom uznawany jest za wartość, którą należy przekazać spadkobiercom. Nie każdy pogodzi się z faktem, że nieruchomość, na którą pracował całe życie, przejdzie po jego śmierci w ręce banku. Wiele osób woli żyć na niższym poziomie, niż przekazać dom bankowi – choćby po śmierci. Analitycy sądzą, że „odwrócona hipoteka" będzie w Polsce ofertą skierowaną raczej do osób samotnych, które i tak nie mają spadkobierców.

Jak rezonans wypowiedzi Małgorzaty Rebendy brzmi słowo pisane dziennikarza Krzysztofa Bochusa[17]:

> Produkt [odwrócona hipoteka – dop. S. M.] jest chwalony przez emerytów na Zachodzie. Ale niektórzy specjaliści wątpią, aby zrobił karierę w Polsce. To jest produkt dla tych, którzy mogą nieruchomość przekazać bankowi; tym samym nie podlega ona dziedziczeniu. Na bogatszym Zachodzie są emeryci posiadający po kilka nieruchomości, z których jedną mogą przeznaczyć bankowi, a pozostałe zostawią bliskim w spadku. W Polsce są to sytuacje dość rzadkie – zwykle emeryt ma jedno mieszkanie. W niektórych krajach na Zachodzie więzi rodzinne są słabsze niż w Polsce. Dlatego dalsi krewni nie oburzają się, gdy ktoś przekaże dom czy mieszkanie bankowi, aby lepiej żyć na emeryturze [...]. W Polsce jest inaczej. Taka osoba spotkałaby się raczej z ostracyzmem środowiska jako egoistyczna, nierodzinna itp. U nas będzie to więc raczej produkt dla osób absolutnie samotnych, które naprawdę nie mają komu zostawić mieszkania w spadku, a to też jest rzadkością.

Przyznajemy, że trudno nam uwierzyć w taką wszechwiedzę dziennikarzy – znawców dusz ludzkich. Choć w nich wszystkie skarby mądrości zostały ukryte, nie możemy przyjąć ich „argumentów" o typowych skłonnościach Polaków do poświęceń na rzecz innych, o silnych więziach rodzinnych, sądzie skorupkowym itd.! Może nie jesteśmy stuprocentowymi Europejczykami, lecz jeśli chodzi o standardy życia, w niczym się nie różnimy od naszych sąsiadów.

---

[17] K. Bochus, *Odwrócona hipoteka – zawracanie głowy*, www.nbportal.pl. Wpis z 14 IV 2008 r.

Co piszą zwolennicy pomysłu?

Marta Kamińska na stronach portalu eGospodarka.pl zachęca starzejące się społeczeństwo polskie do samofinansowania swojej niezbyt optymistycznej jesieni życia[18].

Starzejące się społeczeństwo już niebawem może stać się dla Europy, w tym i dla Polski, demograficzną bombą z opóźnionym zapłonem. Badania prowadzone przez Komisję Europejską oraz niezależnych ekspertów potwierdzają fakt istnienia poważnego zagrożenia – rządy „starzejących się" krajów nie będą w stanie udźwignąć ciężaru przyszłych emerytur, a emeryci – ciężaru niezbyt optymistycznej jesieni życia, którą finansować będą mogli jedynie ze skromnych środków pieniężnych oferowanych przez Państwo.

Analityk Gold Finance zadaje pytanie: Czy *reverse mortgage* to szansa na lepsze jutro dla polskich seniorów? [...] Tak. Jest to światełko w tunelu, które może zmienić ten stan rzeczy, jeśli tylko polscy finansiści będą bardziej otwarci na innowacje i zechcą przychylniej spojrzeć na dotychczas nieco dyskryminowaną, choć solidną grupę konsumentów – emerytów, osób po sześćdziesiątce. Kredyty bankowe stanowią alternatywę dla ludzi młodych i finansują ich marzenia związane z zakupem mieszkania. Dlaczego nie dać alternatywy seniorom, którzy dysponują kapitałem zamrożonym w nieruchomościach, na które w wielu przypadkach pracowali przez całe życie?

Europa Zachodnia korzysta już z pomysłu sąsiadów zza oceanu; Australia przeżywa aktualnie boom na rynku tego typu produktów, Indie – jeden z najliczniejszych krajów świata – rozpoczęły propagandę marketingową tego właśnie sposobu poprawy sytuacji finansowej przyszłych emerytów. Chyba czas, aby polskie instytucje finansowe zadbały o starzejące się społeczeństwo, bo pozytywne doświadczenia bliższych i dalszych sąsiadów niezbicie dowodzą, że odwrócona hipoteka znalazłaby również na naszym gruncie szerokie grono odbiorców. [...] Czy wystarczy im odwagi, aby przenieść tak śmiałe innowacje do swojej oferty? Sceptycznie budowany przed laty rynek kredytów hipotecznych okazał się żyłą złota. Chyba warto podjąć ryzyko.

To mądry, wyważony głos w dyskusjach na temat odwróconej hipoteki, w których zbyt często emocje biorą górę nad umysłem.

---

[18] M. Kamińska, *Reverse mortgage dla polskich seniorów?*, www.eGospodarka.pl.

Jak nas widzą naukowcy?

W jednym z artykułów w formie wywiadu opublikowanym na łamach „Gazety Wyborczej"[19] dr Piotr Szukalski twierdzi, że większość starszych Polaków siedzi w domach. Przyznaje jednak, że zna bardzo wielu seniorów, którzy opuszczają swoje domy i udają się na zajęcia oferowane przez Uniwersytety Trzeciego Wieku[20], angażują się w działalność organizacji pozarządowych i wolontariatu. A badani przez jego koleżankę po fachu z Uniwersytetu Łódzkiego (Zakład Demografii i Gerontologii) stulatkowie czytają w oryginale Heideggera i uczą się litewskiego.

Na taką starość jednak – jak mówi doktor Szukalski –

> [...] trzeba sobie zapracować, utrzymując najdłużej aktywność, przygotowując się do starości przez całe życie, poprawiając jakość i warunki życia. Ze świadomością zagrożeń.

Kończąc swoją wypowiedź, doktor Szukalski podaje przepis na aktywność człowieka i zmianę naszych przyzwyczajeń.

> Sytuację trochę zmienił pewien instrument wolnego rynku – kredyt hipoteczny. Jeśli ktoś decyduje się zadłużyć na budowę domu czy kupno mieszkania, to musi mieć świadomość, że przez kolejne 30 lat będzie musiał być aktywny zawodowo, więc – sprawny fizycznie i intelektualnie. W taki sposób instytucja rynkowa zamienia nasze przyzwyczajenia, zmusza nas do myślenia perspektywicznego. Dobre i to.

Rzeczywiście dobre, jak czeskie piwo. W końcu nie każdy musi umierać z tak konkretną świadomością, tzn. w stanie czuwania nad niespłaconym kredytem hipotecznym. A może byłoby lepiej – szanowny autorze – wspomnieć, choćby jednym słowem o innych możliwościach, np. o odwróconej hipotece? Łatwiej przecież umierać w relatywnym bogactwie niż z długami...

Najważniejszym głosem w tych dyskusjach wydaje się wypowiedź prezesa Związku Banków Polskich – Krzysztofa Pietraszkiewicza. W rozmowie dla „Gazety Prawnej" przeprowadza on stosowną argumentację fachowca – bez wzbudzania niepotrzebnych emocji[21]. W pierwszej kolejności podkreśla, że

---

[19] P. Szukalski, *Starości nie będzie. Niestety*, „Gazeta Wyborcza" z 26–27 VIII 2009 r., s. 14–15.

[20] Statystycznie w zajęciach Uniwersytetów Trzeciego Wieku, rozsianych jak Polska długa i szeroka, uczestniczy zaledwie 0,6% emerytów.

[21] Rozmowa z K. Pietraszkiewiczem *Odwrócona hipoteka ułatwi życie nie tylko emerytom* została opublikowana 23 VI 2008 r. na stronie www.gazetaprawna.pl.

rynek finansowania w naszym kraju nie jest jeszcze dostatecznie przygotowany do wprowadzenia w życie tego typu projektu. Przed jego wprowadzeniem – jak sądzi bankowiec – konieczne będzie precyzyjne opisanie projektu, uporządkowanie wszystkich spraw z nim związanych, zajęcie się systemem zabezpieczeń prawnych. Wdrożenie projektu odwrotnej hipoteki będzie możliwe dopiero wtedy, kiedy ryzyko transakcji zostanie maksymalnie ograniczone. By je zmniejszyć, trzeba najpierw dostosować system hipoteczny do ogólnej legislacji, np. stworzyć możliwości użycia przez instytucje finansowe tytułu egzekucyjnego wobec osoby zmarłej, czy też wprowadzić zapis o możliwości ustalenia hipoteki na nieruchomości będącej przedmiotem transakcji.

Prace nad projektem ustawy dotyczącej odwróconej hipoteki jeszcze się nie rozpoczęły, co potwierdza Pietraszkiewicz w wywiadzie opublikowanym w 2008 roku. Wszystko jednak wskazuje na to, że w niedalekiej przyszłości projekt ten zostanie zrealizowany.

Mamy więc sporo czasu, by prześledzić w spokoju to, nad czym inni będą pracować.

Wychodzimy jednak z założenia, że senior-emeryt, który wie wszystko, nie musi we wszystko wierzyć. Podajemy kilka szczegółów (punkt pierwszy poniżej) związanych z interesującym nas kredytem, czyli odwróconą hipoteką – funkcjonującą od lat w krajach Europy Zachodniej, w USA i Australii. To niejako światowe standardy „sprzedaży" nieruchomości przyjmowanej pod zastaw.

W punkcie drugim dołączamy uproszczone wyliczenia, służące zobrazowaniu mechanizmów udzielania tego kredytu, wybrane z artykułów opublikowanych do 2009 roku w polskiej prasie oraz na polskich stronach internetowych.

1. Jakie są światowe wzorce? – mozaika odwróconej hipoteki. Zasady funkcjonujące w świecie.

- Nieruchomość (mieszkanie, dom, willa) musi być własnością rencisty lub emeryta.
- Właściciel nieruchomości nie musi mieć dochodów.
- Warunkiem skorzystania z odwróconej hipoteki jest posiadanie wolnej, nieobciążonej hipoteką nieruchomości, najlepiej w bardzo dobrej lokalizacji.

- Od momentu podpisania umowy z instytucją oferującą ten rodzaj produktu kredytobiorca nie musi opuszczać mieszkania/domu; może w nim dalej mieszkać.
- Podpisanie umowy oznacza przepadek posiadanej nieruchomości na rzecz instytucji finansowych w zamian za stałą rentę.
- Po śmierci kredytobiorcy nieruchomość automatycznie staje się rzeczywistą własnością instytucji finansowej.
- Przekazana bankowi nieruchomość nie podlega dziedziczeniu, odwrócona hipoteka jest rodzajem cesji własności.
- O kredyt może zwykle starać się osoba powyżej 62. roku życia.
- Instytucja finansowa określa wartość nieruchomości przyjmowanej w zastaw i pożycza klientowi o wiele mniej, niż wynosi oszacowana wartość nieruchomości.
- Maksymalna wartość transakcji nie przekracza 50–60 proc. aktualnej wartości nieruchomości.
- Instytucja finansowa wypłaca klientowi, na ogół aż do śmierci, raty od przekazanego kapitału (nieruchomości), a więc pieniądze płyną do kasy kredytobiorcy do końca jego życia.
- Kredytobiorca zobowiązany jest w umowie do utrzymywania nieruchomości w stanie nie gorszym niż w dniu podpisania umowy, co oznacza, że jest zobowiązany do renowacji, odświeżania, naprawiania, konserwacji domu na własny koszt.
- Kredytobiorca jest również zobowiązany do terminowego regulowania wszelkich należności (w tym podatkowych) z tytułu posiadania i użytkowania nieruchomości.
- Transakcja jest wolna od podatku; oddający swoją nieruchomość kredytobiorca nie płaci z tej racji podatku dochodowego.
- Sposoby otrzymywania płatności kredytu: 1) miesięczne, 2) jednorazowa wypłata całej sumy, 3) linia kredytowa o ustalonym z góry limicie, 4) kombinacja trzech poprzednich sposobów płatności.
- Trzy najważniejsze składniki umowy: wartość nieruchomości, wysokość „renty" oraz okres udzielania świadczeń finansowych mogą zależeć od indywidualnych ustaleń z instytucją finansową lub ubezpieczeniową.
- Środki finansowe otrzymywane z tytułu odwróconej hipoteki nie wykluczają możliwości starania się osoby starszej o pomoc socjalną oferowaną przez instytucje państwowe.

– Instytucja finansowa nie określa w umowie przeznaczenia środków pochodzących z kredytu; kredytobiorca może je wydawać dowolnie, w sposób niczym nieograniczony.

Musimy również dodać, że produkt ten może być obarczony wysokim ryzykiem. Jeżeli kredytobiorca żyje dłużej niż przewidują statystyki danego kraju, a łączna suma wypłaconych rat przekroczy wynegocjowane 50–60 proc. wartości nieruchomości, instytucja finansowa może zażądać od swojego klienta przekazania nieruchomości na jej rzecz. Jak się domyślamy, wiecznie żywy senior, który przechytrzył statystykę, zostaje wówczas bez dorobku i środków do życia.

Takie sytuacje zdarzają się jednak bardzo rzadko. Ostatni znany przypadek to historia Jeanne Calment, która przeżyła ponad 122 lata. Babcia wszystkich Francuzów, zwana również Jeanne d'Arles, nie miała komu zapisać w spadku domu. W wieku 90 lat zawarła umowę, zwaną po francusku *la rente viagère* (renta dożywotnia). W chwili śmierci Jeanne, 32 lata po spisaniu umowy, beneficjenci musieli wypłacić za nieruchomość pani Calment jej podwójną wartość. Bezpośredni beneficjent umowy – notariusz André François Raffray – umarł na dwa lata przed śmiercią Madame Calment. Wypłatą renty przez dwa kolejne lata zajęła się jego żona. Nazwisko nieznanego nikomu notariusza z Arles trafiło do kronik nieszczęśliwych przypadków.

2. Ile otrzymamy za to, co oddamy? Kwoty i hipotezy.

Wyliczona kwota miesięcznego wsparcia

Emeryt, jeśli tylko jest właścicielem mieszkania, może je „zapisać" na bank i nadal w nim mieszkać, jak dotąd, a w zamian do końca życia dostaje co miesiąc kilkaset złotych – maksymalnie 660 złotych. Taka jest najwyższa stawka miesięcznego wsparcia.

Informacja z artykułu prasowego

Hipoteza I

Gdyby przedmiotem *reverse mortgage* było dość przeciętne polskie mieszkanie, warte dziś około 400 tys. złotych, to emeryt, przechodzący na emeryturę w wieku 65 lat do 85. roku życia otrzymywałby co miesiąc blisko 2 tysiące złotych na czysto.

Informacja z artykułu prasowego

Hipoteza II

W Polsce niektóre banki przymierzają się do wprowadzenia odwró-
conego kredytu hipotecznego do swojej oferty kredytowej. Szczegóły
udzielania go nie są jeszcze dokładnie znane; jednak gdyby były po-
dobne do tych np. z USA, to właściciel za dom wyceniony na 1 mln
złotych uzyskałby miesięczną rentę na poziomie około 4200 złotych.
Mógłby liczyć na taki dochód przez około 20 lat.

Informacja z artykułu prasowego

Sytuacja hipotetyczna

Siedemdziesięcioletni emeryt, którego jedynym dobrem, jakie ma,
jest mieszkanie warte, powiedzmy, 250 000 złotych. Ów pan zdecydo-
wał się na taki manewr finansowy i instytucja finansowa, uwzględniw-
szy wielkość mieszkania i jego potencjalną atrakcyjność, przyznała mu
najwyższą stawkę miesięcznego wsparcia, czyli wspomniane 660 zł.
Wyobraźmy sobie dalej, że ten pan emeryt dożyje 90. roku życia,
czyli będzie brać pieniądze z banku przez 20 lat. Owa kwota, czyli
660 zł razy dwanaście miesięcy, razy 20 lat – daje kwotę 158 400 zł.
Po śmierci emeryta bank przejmuje w myśl umowy to mieszkanie i ma
na czysto 91 600 złotych (wartość lokalu minus wypłacone seniorowi
pieniądze).

Informacja z artykułu prasowego

Wyjaśnienie do sytuacji hipotetecznej

Na świecie w ramach hipoteki odwróconej bank płaci od 15 do
50% wartości nieruchomości. I nie jest to zdzierstwo, a bank nie zara-
bia na tym, nie wiadomo ile. To wszystko kwestia wartości pieniądza
w czasie. I niestety trzeba mieć podstawowe wykształcenie ekonomiczne, żeby wiedzieć, że 1000 zł za 15 lat od dzisiaj, przy aktualnym
oprocentowaniu kredytu 10% – warte będzie 240 złotych. Czyli 24%.
Bank płaci dzisiaj, mieszkanie dostanie za 15, może 20, a może 10 lat.
Stąd wniosek, że płaci uczciwie.

Wyjaśnienie prezesa Fundacji Hipotecznej DOM

Po uważnym wczytaniu się w zgromadzone powyżej elementy mozai-
ki hipotecznej dochodzimy do wniosku, że nic nie stoi na przeszkodzie, by
inwestowanie we własność nieruchomości uważać za interesujący rodzaj

prywatnego funduszu emerytalnego seniorów potrzebujących finansowego wsparcia.

Czy tak sformułowany koncept wymiany handlowej, funkcjonujący od lat w innych krajach, wprowadzi w stan nieładu specyficznie polski zespół przekonań i stereotypów, o którym napomykali i napomykają cytowani i niecytowani w niniejszym poradniku dziennnikarze? Pomijając wszelkie uwarunkowania natury legislacyjnej, nie sposób pogodzić się z podejściem, że mentalność naszych rodaków pozwala na spełnianie marzeń wyłącznie w niewłaściwych momentach, że nasze życie na emeryturze ma być gnuśne, pozbawione przyjemności, mniej fascynujące niż życie Francuzów, Anglików, Amerykanów, że ma polegać na czekaniu na śmierć? A jeśli ona szybko nie nastąpi?

Czy mamy się ciągle godzić z istniejącym stanem rzeczy i przytakiwać siwiejącymi głowami tym, którzy rozdzierają szaty nad losem polskiego emeryta, nierzadko wychodzącego ze skóry, by związać koniec z końcem dwanaście razy w ciągu roku?

Mądrzy tego świata powiadają, że ludzie borykają się z finansami głównie dlatego, że zwracają się po finansową poradę do biednych lub sprzedawców. Uzupełniamy tę wypowiedź dodatkową konstatacją: jeśli motywacja człowieka, żeby zdobyć pieniądze i żyć godniej, wynika z niekorzystnego dla niego źródła, takiego jak: przekonania, przyzwyczajenia myślowe, lęk, niepewność – pieniądze nigdy nie przyniosą mu szczęścia. Życiowa gra nie powinna opierać się na przekonaniu, że wyciągnie się z talii kart tę najgorszą, lecz na rozegraniu partii z właściwymi graczami.

Przy okazji rozważań nad wyborem właściwego gracza warto zastanowić się jeszcze raz nad tak sformułowanym pytaniem: „Dlaczego osoby starsze posiadające duży kapitał (mieszkanie, dom, willę) mają czekać na jałmużnę w postaci systematycznie „odchudzanego" odcinka renty lub emerytury – wysyłaną przez coraz uboższy ZUS?".

Może nowy produkt, o którym mówi się od lat, mógłby się stać obiecywanym przez polityków – kandydatów na najwyższe stanowiska państwowe – kolejnym cudem? Bez względu na jego specyfikę, wady i... zalety. Nie jesteśmy przecież pierwszym krajem w Europie proponującym tego typu rozwiązania. Francuzi, Anglicy, Amerykanie, Węgrzy mają już w tym zakresie niemałe doświadczenie. Zechciejmy tylko dokonać analizy ich sukcesów i porażek, wczytać się dobrze w ich głosy krytyczne, a potem skorzystać z uczciwych rozwiązań, pamiętając jednocześnie o tym, że żadna z instytucji finansowych – z reguły nastawionych na zysk – nie zastąpi parafialnej grupy filantropijnej ani organizacji charytatywnej.

W niedalekiej przyszłości ubogi dzisiaj emeryt – zgodnie z dzisiejszymi wyroczniami – ma być nie biedny, a zubożały[22]. O tym pisze się w prasie i mówi w telewizji. Trzeba się w jakiś sposób zabezpieczyć przed zimami stulecia, gorzkim smakiem herbaty i tanimi zupkami.

Głębsza analiza artykułów, raportów, dociekań sporządzanych przez dobrze zarabiających demografów, gerontologów, socjologów, polityków, dziennikarzy na temat starości w Polsce, oprócz przerażenia (zob. cykl artykułów opublikowanych w „Gazecie Wyborczej" pt. *Polska to nie jest kraj dla starych ludzi*), budzi czasami niesmak – jak rozmowa z człowiekiem pysznym. Nietrudno wyczytać, że jego autorzy wpisują problem dyskryminacji ludzi ze względu na wiek (tzw. ageizm) w nasze (nabyte, niedobre, godne nagany) przyzwyczajenia.

Nawyki związane z wygodą rezerwuje się dla ludzi młodych, siłę przyzwyczajenia do życia biernego dokleja się najnowszymi rodzajami spec-klejów do skóry seniorów. Wokół starszego pokolenia krąży po mediach, jak zwodnicze widmo, wycieniowany, ledwie widoczny napis: „Niepotrzebni mogą odejść". Nietrudno odczytać jego ukrytą treść: „Zejdźcie nam z oczu, odejdźcie z aktywnego życia, udajcie się tam, gdzie was nikt nie dostrzeże".

Z powszechnie panującym w Polsce ageizmem prawie nikt nie walczy. Toleruje się go i bagatelizuje. Starość budzi w starych niechęć do starych; w młodych obawy, że starzy, ale wciąż żywotni, będą blokować im miejsca pracy. Dziś nawet starzec-mędrzec ni autorytet nie są nam potrzebni. Lepiej, żeby siedzieli razem, spokojnie – w tym samym ciasnym pokoiku na poddaszu.

Jak długo w imię miłości do młodszego bliźniego, my, seniorzy, powinniśmy się godzić z takimi zachowaniami i co więcej – nie dziwić się niczemu, usprawiedliwiać tradycją, nawykami itd. cały świat wokół nas?!

Na zakończenie rozważań nad odwróconą hipoteką, szansą na godziwe życie seniorów w bliskiej przyszłości sygnalizujemy pojawienie się pierwszej jaskółki, która może czynić wiosnę... Z radością informujemy, że z końcem

---

[22] W rozdziale drugim wspominaliśmy o wnioskach płynących z rządowego raportu „Polska 2030", które M. Bojanowski i L. Kostrzewski („Gazeta Wyborcza" z 19 VI 2009 r.) ujęli następująco: „Bez wydłużenia wieku emerytalnego lub dodatkowego oszczędzania na emeryturę Polacy na starość będą biedować. [...] Rozpoczynając życie zawodowe, musimy wybrać: albo zaczniemy dodatkowo oszczędzać na emeryturę 19% swojej pensji, albo po osiągnięciu wieku emerytalnego będziemy dalej pracować. I to o 7,5 roku dłużej. Dzięki temu emerytura wyniesie 90% ostatniego wynagrodzenia. W przeciwnym razie może to być zaledwie 40– 60%".
Co prawda, raport nie dotyczy emerytów, którzy obecnie pobierają świadczenia emerytalne. Na razie przepowiada chude lata. Jednak ta złowieszcza wróżba, wskutek krótkowzroczności naszych polityków, może się ziścić o wiele szybciej, niż przewidują to statystyki.

października 2008 roku aktem notarialnym powołany został **Fundusz Hipoteczny DOM**. Jest to pierwsza instytucja finansowa, która oferuje seniorom nowy produkt na polskim rynku ubezpieczeniowym.

Przywołajmy Tomasza Bara, właściciela serwisu poświęconego oszczędzaniu, inwestowaniu i finansom osobistym oraz autora *Praktycznych porad finansowych*, który zachęca seniorów do odwiedzenia stron internetowych Funduszu Hipotecznego DOM:

> Na dobry początek warto zerknąć na stronę internetową FHD – www.funduszhipoteczny.pl, która zasługuje na uznanie. Nie ma na niej, charakterystycznych dla stron instytucji finansowych, zdjęć pięknych, młodych ludzi, emanujących uśmiechem. Są za to zdjęcia osób w podeszłym wieku, nieukrywających zmarszczek i siwizny, ale równocześnie radosnych i uśmiechniętych.
>
> Miłym ukłonem w stronę potencjalnych użytkowników serwisu są lupki powiększające tekst w zależności od potrzeb użytkownika strony. Jak zapewniają twórcy FHD, znaczna część osób pracujących przy odwróconej hipotece to również osoby starsze, dzięki czemu łatwiejsze ma być nawiązanie kontaktu z potencjalnymi klientami. Trudno nie przyznać braw za tak nowatorskie podejście do przedstawienia oferty. To jednak marketing, a dla klienta najważniejsze są konkrety (http://kredyty.wieszjak.pl).

Sięgnijmy zatem po myszkę do komputera i sprawdźmy na stronach internetowych Funduszu jego ofertę; zapoznajmy się z konkretami.

Dyrekcja Funduszu Hipotecznego DOM, której siedziba mieści się w Warszawie (Al. Jana Pawła II 23, 00–854 Warszawa) oferuje potencjalnym klientom-seniorom poprawę sytuacji finansowej przez odwróconą hipotekę w tzw. modelu sprzedażowym. Ze względu na brak odpowiednich przepisów prawnych (o czym wspominaliśmy wcześniej) właściciele spółki stworzyli własne rozwiązania prawne – na podstawie zmodyfikowanej umowy dożywocia. W ramach tej umowy Fundusz wypłaca klientowi comiesięczną, dożywotnią rentę w zamian za uzyskanie pełnego prawa własności do nieruchomości po jego śmierci. Wysokość renty jest ustalana indywidualnie dla każdego klienta. Seniorowi decydującemu się na tego rodzaju transakcję zapewnia się **bezwarunkowe prawo** do dożywotniego zajmowania mieszkania lub domu.

Jakie są inne korzyści dla klienta wynikające z tego typu umowy?

– bezpieczeństwo i pewność wypłaty comiesięcznej, dożywotniej renty hipotecznej, na realizację jego zainteresowań, potrzeby bieżące, lekarstwa, opiekę medyczną, wsparcie finansowe bliskich, nieprzewidziane wydatki itd.;
– jednorazowa pomoc finansowa dla bliskich seniorowi osób;
– opłacanie czynszu przez Fundusz;
– pełna swoboda seniora w wydawaniu środków otrzymanych z Funduszu;
– możliwość zapisania spadkobiercom określonej kwoty spadku.

Jakie niedogodności musi pokonać klient?

– utrzymanie nieruchomości w dobrym stanie przez okres trwania umowy;
– wykluczenie możliwości przekazania nieruchomości spadkobiercom.

W jaki sposób kontaktować się z pracownikami spółki?

– telefonicznie – numer infolinii (22) 487 51 01 lub fax: (22) 653 86 95;
– pocztą elektroniczną – e-mail: info@funduszhipoteczny.pl;
– kontakt osobisty – w celu otrzymania szczegółowych informacji;
– indywidualne spotkanie z ekspertem Funduszu Hipotecznego DOM po wypełnieniu wniosku;
– podczas spotkań informacyjnych w warszawskich Klubach Seniora (dla klientów mieszkających w Warszawie i w okolicach).

Kto może zostać klientem Funduszu Hippotecznego DOM?

Klientem Funduszu może zostać każdy senior, który ukończył 65 lat, jest właścicielem mieszkania lub domu i chce zmienić swoje życie na lepsze. I, co najważniejsze – może to zrobić **już, od teraz**.

Rozdział dziesiąty

Szukanie zatrudnienia

Po czterdziestce zaczyna się starość młodych,
a po pięćdziesiątce młodość starych.
Victor Hugo

Drodzy Renciści i Emeryci!

Przeczytaliście już dziewięć rozdziałów. Spodobało Wam się wiele rad. Czujecie jednak, że odzywa się w Was **przyzwyczajenie**. Chociaż zobaczyliście w tym poradniku tyle dróg, tak wspaniale nakreślonych, wybierzecie tę, do której przywykliście.

Kto uważa, że przyzwyczajenie, określane jako nasza druga natura, jest złym nawykiem? Czy należy się dziwić ludziom, w których niemożność postępowania zgodnie z owym przyzwyczajeniem budzi nieprzyjemne odczucia? Nasz poradnik „mówi" stanowcze NIE!

W jednym z rozdziałów zamieściliśmy informację o Islandczykach, którzy należą do najdłużej żyjących narodów w Europie. Pamiętacie, dlaczego? Przypomnienie: ich długowieczność wynika z tego, że wykonują swoją pracę tak długo, jak to jest możliwe. W starszym pokoleniu tkwi przekonanie, że aktywność jest esencją dobrego samopoczucia. Islandczycy to ludzie mądrzy. Nie zastanawiają się nad tym, co robić, kiedy osiągną wiek emerytalny. Ich odpowiedzią jest najczęściej używany we wszystkich językach świata czasownik: **pracować**.

A u nas? U nas, w kraju o umiarkowanym klimacie, okazuje się, że tylko jeden Polak-emeryt na dwunastu Polaków-emerytów jest osobą zawodowo aktywną. A przecież wielu mądrych ludzi myśli o pracy tak jak Islandczycy.

Oto kilka, specjalnie dla was wybranych, złotych myśli związanych z pracą, autorstwa wielkich pisarzy, naukowców, filozofów i dziennikarzy.

W emeryturze nie ma nic złego, pod jednym warunkiem, aby nam nie przeszkadzała w pracy.

Benjamin Franklin

Człowiek jest biedny nie dlatego, że nie ma pieniędzy, ale dlatego, że nie pracuje.

Karol Ludwik Monteskiusz

Praca najlepiej bawi.

Ludwik Pasteur

Drzewo najlepiej rośnie, gdy spokojnie stoi; człowiek zaś, gdy pracuje.

Jósef Eötvös

Szczęście mniej zależy od pracy niż nieszczęście od lenistwa.

Sławomir Wróblewski

Póki pracujesz, nie masz czasu spojrzeć życiu w oczy.

Carlos Ruiz Zafón

Przez pracę – dzień krótszy, przez lenistwo – życie.

Władysław Grzeszczyk

Możliwe, że praca nie jest rzeczą przyjemną, ale przecież gdzieś rano trzeba pójść.

Janina Ipohorska

Jak to się dzieje, że tak niewielu emerytów podejmuje na nowo pracę? Czyżby dlatego – jak powiada Janina Ipohorska – że „gdzieś rano trzeba pójść?". Według badań najprzeróżniejszych instytucji – zajmujących się życiem po życiu zawodowym – w głowach statystycznych Polaków, którzy nie decydują się na zakończenie aktywności zawodowej, tkwi przekonanie o tym, że są wciąż potrzebni społeczeństwu, że ich kariera zawodowa nie może się zakończyć na kanapie, przed telewizorem lub w ogródku działkowym.

Inni po pierwszej wizycie i rozmowie ze specjalistami z ZUS-u łapią się za głowy i z przerażeniem podliczają stałe opłaty miesięczne za mieszkanie, gaz, prąd, telefon oraz wydatki na wykupienie nierefundowanych lekarstw dla siebie, biednej teściowej, przewlekle chorej kuzynki. Okrojona – przez tę niezawodną w rachunkach instytucję – pensja, którą ZUS wypłaca jako świadczenie emerytalne, może nie wystarczyć do końca miesiąca. To dwa czynniki wpływające na decyzję, a niemające nic wspólnego ani z przyzwyczajeniem do porannego wstawania, ani z przekonaniem, że aktywność jest esencją dobrego samopoczucia.

Gimnastyka górnych części ciała może się okazać czynnością wielce pożyteczną, lecz zaraz po jej zakończeniu, trzeba pomyśleć zupełnie poważnie o podjęciu dalszej pracy, o czymś, co nazywamy **dorabianiem do emerytury**.

Uczciwi Polacy dorabiają w jasnej, przezroczystej strefie, mniej uczciwi wypełniają tę – o nieco ciemniejszym kolorze, czyli szarą. Wśród ambitnych, uczciwych i mniej uczciwych Polaków są również tacy, którzy po latach wykonywania pracy najemnej pragną spróbować czegoś innego. Status emeryta-przedsiębiorcy lub emerytki-biznesmenki to przecież niezwykły finał zapisywanych na tablicy marzeń, które tak długo przekreślała nam jakaś niewidzialna ręka.

Na tej stworzonej przez nas tablicy marzeń (ang. *vision board*) wpisaliśmy jedno i tylko jedno pragnienie, patrzyliśmy na nie, skupialiśmy na nim uwagę i czyniliśmy z niego cel naszego życia. Stworzenie tablicy marzeń przyciąga ku naszemu życiu sytuację, w której zawsze chcieliśmy być, którą chcieliśmy przeżyć. Możemy mieć lub mamy wreszcie to, co wyobrażaliśmy sobie, to, co nasycaliśmy pozytywnymi emocjami.

Zupełnie jak w filmie *The secret* (reż. D. Heriot), w którym amerykański przedsiębiorca John Assaraf udowadnia, że my sami jesteśmy twórcami naszej rzeczywistości. Bez względu na wiek i inwencje – każdy z nas może stworzyć z siebie bossa własnego kartelu.

Możemy też poddać się kolejnej rekrutacji, czyli mniej znanym starszemu pokoleniu działaniom potencjalnego pracodawcy. Należy jednak pamiętać, że rekrutacja polega na wyborze kandydata, który spełnia wszystkie wymagania, a nawet jest ponad nie. Nie wystarczy już wiedza, wykształcenie, inteligencja, umiejętności, dobry wygląd. Kandydat musi przekonać do siebie rekrutującego, wykazać wysoki poziom motywacji i musi „pasować" do oczekiwań pracodawcy. Teoretycznie ma on urzeczywistniać wszystkie albo prawie wszystkie cechy nieodzowne w skutecznej działalności zawodowej na danym stanowisku, wpisane w tzw. profil kompetencji.

Czym się musi wykazać i odznaczać, jaki musi być i co posiadać kandydat do pracy? Kandydat wpisany w profil kompetencji powinien:

1. Wykazać się samodyscypliną w ciągłym dokształcaniu się i zdobywaniu wiedzy, co w języku rekrutujących do pracy oznacza właściwy stosunek do tzw. lifelong learningu.
2. Być komunikatywny.

3. Być ciągłym poszukiwaczem nowych rozwiązań, kreatywnych sposobów w realizacji zadań.
4. Posiadać umiejętność pracy w zespole, chęć dzielenia się wiedzą oraz podtrzymywania dobrych stosunków międzyludzkich, a także właściwy stosunek do propozycji i koncepcji innych współpracowników.
5. Wykazać zdolność do wszechstronnej, szybkiej analizy sytuacji i jej uwarunkowań.
6. Być odporny na stres i umiejętnie wykorzystywać przypływ adrenaliny, mobilizującej do większego wysiłku.
7. Odznaczać się osobowością, oryginalnością i indywidualizmem (mieć tzw. potencjał lidera).
8. Mieć wiedzę biznesową, czyli znajomość czynników, które mogą mieć znaczący wpływ na sukces firmy.
9. Być pełnym entuzjazmu, zapału, motywacji w działaniach na rzecz firmy.
10. Być elastyczny w zakresie potencjalnych zmian strukturalnych firmy.
11. Szybko przystosowywać się do nowych warunków pracy.
12. Być poliwalentny jak sześciofunkcyjny piekarnik firmy Bosch i chętny do podejmowania nowych zadań z różnych dziedzin.

Jako emeryci, którzy na różnych stanowiskach – gorzej lub lepiej płatnych, ambitnych lub mniej ambitnych – oddali zarządzającym całą swoją pierwszą i drugą młodość, w pojedynku ze współczesnymi łowcami dusz z HR (*Human Resources*) mamy przynajmniej połowę poważnych atutów w ręku.

Nie znajdujemy się w pułapce doświadczenia zawodowego, bo już je nabyliśmy. Mamy kontakty zawodowe, kalendarze z adresami i wiemy, jak nawiązać kontakty z nabywcami, kontrahentami, dyrektorami i super dyrektorami. Latami zdobywaliśmy wiedzę związaną z wzajemną współpracą i chętnie dzielimy się nią z młodszymi; niczego im nie zazdrościmy, a nawet jesteśmy w stanie zarażać ich swoim entuzjazmem do pracy.

A poza tym, dzięki poprzednikom, w oczach pracodawców mamy opinię pracowników, którzy:
– są dokładni, sumienni, zdyscyplinowani;
– nie „gonią" za pieniędzmi;
– są lojalni wobec pracodawcy i firmy, w której pracują;
– nie szukają innej, lepiej płatnej pracy;
– są dyspozycyjni;
– nie emigrują do krajów bogatszych;

- mogą pracować na cały etat (według statystyki GUS, około 70% emerytów nie zmniejsza czasu pracy);
- rzadziej korzystają ze zwolnień lekarskich;
- mają mniej problemów z alkoholem i narkotykami;
- mają więcej entuzjazmu;
- są bardziej skoncentrowani na pracy, ze względu na mniejsze obciążenie obowiązkami rodzinnymi;
- są przywiązani do miejsca pracy;
- wykazują się lepszym zrozumieniem potrzeb klientów należących do grupy seniorów.

To bardzo ważne atuty, które dają szansę powodzenia. Nie oznaczają one jednak, że każdy emeryt, chętny do podjęcia na nowo pracy, znajdzie ją bez trudu. Tę banalną konstatację potwierdzają setki stron internetowych z hasłem „emeryt szuka pracy”. Oto wymowny dwugłos – emeryta i specjalisty ds. osobowych (zamieszczony na portalu Wirtualnej Polski).

Sławek – emeryt poszukujący pracy
Mam 57 lat i próbuję znaleźć pracę, ale bezskutecznie. Zależy mi bardziej na pracy niż na płacy (mam emeryturę). Pomimo bardzo dobrego przygotowania zawodowego i kwalifikacji zawodowych, pracodawcy – po zorientowaniu się, ile mam lat – nie podejmują kontaktu. Jak mam przekonać pracodawców, aby chcieli mnie zatrudnić. Pozdrawiam. Sławek.

Agnieszka Ratyńska – specjalista HR
To prawda, że obecnie młodzi ludzie mają pierwszeństwo w zdobywaniu pracy, ale jeśli jest Pan osobą aktywną, może Pan przekonać przyszłego pracodawcę do swojej osoby. Niebawem na Pana korzyść przemawiać będzie również prawo wprowadzające szereg ulg dla pracodawców, którzy zatrudniają osoby po 50. roku życia. Myślę, że w Pana przypadku warto zachęcić pracodawcę, wskazując nie tylko własne motywacje i chęć pracy, ale także te dodatkowe korzyści. Nie jest Pan nastawiony na wysokie wynagrodzenie – to warto podkreślić; firma zyskuje w Panu lojalnego i doświadczonego pracownika, a przy tym mniej wymagającego finansowo niż młody człowiek.
Zachęcam Pana do korzystania z programów pozwalających zdobyć całkiem nowe kwalifikacje. Programy te są przygotowywane specjalnie dla osób po 50. roku życia i poszerzają możliwości poszukiwania pracy. Podkreślają również aktywność zawodową.
Nie wiem, w jakiej branży i w jakim zawodzie ma Pan doświadczenie, ale ostatnio banki są nastawione na zdobywanie pracowników,

których wizerunek kojarzony jest ze statecznością, doświadczeniem i mądrością w życiowych wyborach. Dlatego chętnie widzą w działach obsługi klienta i sprzedaży właśnie osoby starsze. Może warto zmienić strategię poszukiwania pracy i kontaktować się bezpośrednio z osobami decydującymi o zatrudnieniu. Jeśli rozsyła Pan CV, nie powinien Pan poprzestawać na zostawieniu dokumentów w recepcji, ale poszukać osoby, która decyduje o przyjęciach do pracy. Pomóc mogą w tym portale społecznościowe, gdzie ma Pan kontakt z różnymi osobami z firm, a fora dyskusyjne pozwolą Panu zaprezentować Pańską mądrość i doświadczenie.

Szukanie pracy po pięćdziesiątce jest dość trudne i często osoby tracą wiarę, że się uda. Proponuję rozejrzeć się w Internecie za forami, na których wypowiadają się osoby, które były w podobnej sytuacji. Mogą udzielić wskazówek, a ich sukces na pewno będzie nastawiał pozytywnie. Życzę powodzenia! (http://www.praca.wp.pl/Emeryt_szuka_pracy).

Z powyższej odpowiedzi specjalisty ds. osobowych warto odnotować choćby dwie rady. Jedna dotyczy **korzystania z programów pozwalających zdobyć nowe kwalifikacje**, druga – **wspomagania poszukiwań tzw. portalami społecznościowymi**.

Czy warto się przekwalifikować? Niewątpliwie tak. Jednak trzeba wziąć pod uwagę wiele różnych aspektów, związanych ze zdrowiem, odpornością psychiczną, możliwościami intelektualnymi. Zmiana zawodu wymaga samozaparcia, czasami nakładów finansowych i... nie jest to decyzja, którą wprowadza się w życie w ciągu kilku dni. Wybór należy przemyśleć, biorąc pod uwagę tendencje rozwojowe w gospodarce, informacje dotyczące ogółu spraw i operacji związanych z kupnem, sprzedażą, wymianą kapitałów itd., a przede wszystkim jeszcze raz rozważyć własne talenty i predyspozycje.

Z całą pewnością pomogą w tym internetowe serwisy (portale) społecznościowe, tworzone przez sieć osób o wspólnych zainteresowaniach, dostarczające ich użytkownikom wielu informacji, rad, wsparcia, ofert pracy. Należy do nich niewątpliwie portal pracy, kariery i edukacji **pracuj.pl**, który codziennie dostarcza tysiące aktualnych ofert pracy. Oprócz tego każdy z nas może skorzystać z testów predyspozycji zawodowych, symulatora rozmowy kwalifikacyjnej, testów umiejętności zawodowych itd. Można również nawiązać kontakt z innymi serwisami jak: profeo.pl, goldenline.pl, biznes.net, Fundacja Emeryt.

W poszukiwaniach nie należy zapominać o stronach internetowych konkretnych firm, w których chcielibyśmy pracować. Trzeba tylko znaleźć nazwisko osoby z działu personalnego danej firmy, napisać do niej e-mail z zapytaniem o możliwość zatrudnienia. I cierpliwie czekać na odpowiedź.

Szukanie pracy przez serwisy społecznościowe w dzisiejszych czasach stało się modne i... przyszłościowe. Wiele osób przekonało się, że jest to dość skuteczna metoda powrotu na rynek pracy. Obok działań podejmowanych przez sieci osób (portale społecznościowe) w dzieło wykorzystania kapitału ludzkiego włączają się również wielkie instytucje. Unia Europejska, dla której jednym z najważniejszych celów jest to, aby gospodarka Starego Kontynentu stała się jak najbardziej dynamiczna i konkurencyjna, oparta na wiedzy, już od lat urzeczywistnia koncepcję uczenia się przez całe życie (*Lifelong Learning*), o której już wspomnieliśmy. Idea, aby społeczeństwo było społeczeństwem wiedzy, zapisana została na liście priorytetowych działań Komisji Europejskiej.

Utworzenie w Polsce **Akademii PARP** (portalu edukacyjnego dla małych i średnich przedsiębiorstw) jest niewątpliwie rezultatem działań myślących o nas brukselskich technokratów. Na stronie **www.akademiaparp.gov.pl** dostępne jest szkolenie internetowe „Jak założyć własną firmę". Czeka na nas tam szesnaście znakomicie przygotowanych i opracowanych darmowych szkoleń, dzięki którym można poznać najważniejsze zagadnienia związane z rozpoczęciem własnej działalności gospodarczej. Znakomity projekt Polskiej Agencji Rozwoju Przedsiębiorczości, do którego warto zajrzeć!

Powoli zbliżamy się do końca rozmowy z Wami o sprawach trudnych, związanych z przyszłością polskiego emeryta. Celowo nie wspominaliśmy o tych, które są i będą niezależne od nas.

Realizujmy się w pracy – jeśli czujemy taką potrzebę – z wiarą, że starość to bardzo kreatywny czas naszego życia[23]. Włączając się w programy aktywizacji zawodowej po pięćdziesiątym roku życia, dajemy młodszemu pokoleniu sygnał, że jesteśmy wciąż potrzebni i przydatni dla społeczeństwa; że nie zapominamy o pogarszającej się sytuacji demograficznej i jednoczesnym wydłużaniu się życia.

Rozmyślając nad tymi kilkoma radami, pamiętajmy, że **praca** nie tylko najlepiej bawi, lecz jest także jedyną przyjemnością, której nikt nikomu nie powinien żałować ani zazdrościć.

---

[23] Badania przeprowadzone na Uniwersytecie Jerzego Waszyngtona w USA jednoznacznie pokazują, że na skutek zmian neurofizjologicznych u osób po pięćdziesiątce mózg staje się elastyczniejszy, co ułatwia przekazywanie wiedzy w niektórych dziedzinach, takich jak: zarządzanie, prawo, medycyna, redakcja tekstów.

Rozdział jedenasty

Moje imię Emeryt. Lista złych uczynków

Starość niekoniecznie musi przysparzać więcej zmarszczek duchowi niż twarzy.

Po lekturze dziesięciu rozdziałów poradnika – czas na refleksję. Powinno na nią wystarczyć około dziesięciu dni. Pamiętajmy o tym, że każdy pomysł na życie, poddany refleksji nigdy nie będzie takim samym pomysłem jak pomysł bez refleksji. Refleksja jako taka nie byłaby warta pokładanych w niej nadziei, gdyby nie mogła być prawdziwa albo fałszywa. To, czy potrafimy ocenić jej prawdziwość, zależy od naszej wiedzy i właściwego skierowania myśli ku sobie.

Nie należy również zapominać, że refleksja wymaga pewnego stanu skupienia, pogrążenia się w myślach, **w myślach własnych**. Refleksja, która może przynieść konkretny skutek, jest ściśle powiązana z samoprzypisaniem (uwaga – „samoprzypisanie" to termin filozoficzny) własnych myśli. Nie możemy ich – w żadnym wypadku – przypisać innym, na przykład sąsiadowi, głowie państwa, rodzicom.

Oczywiście, jeśli **przypiszemy sobie** – a nie komuś innemu – własne myśli, to samoprzypisanie może się wiązać z funkcjonowaniem mechanizmu naszej pamięci. Trzeba jednak wziąć pod uwagę to, że treści o bogatej strukturze (np. złe uczynki) każdy człowiek zapamiętuje lepiej niż treści ubogie. Specyficzną naturą refleksji jest to, że jest ona skorelowana z czynnościami, które nazywamy wewnętrznymi – to jest z przeżywaniem własnych myśli. Nie wystarczy zatem wyłącznie usposobienie lub nastawienie refleksyjne – trzeba się wcześniej uczulić na to, że refleksja to relacja tożsamości pomiędzy pewną myślą a tą samą myślą poddaną refleksji oraz samoprzypisanie myśli z pełnym wykorzystaniem jej mocy wewnętrznej – znanej w filozofii jako moc immanentna. Jest to – jak podkreślają filozofowie – długotrwały proces, podczas którego jesteśmy gotowi do pomyślenia jeszcze raz o tym samym.

Jeszcze nie teraz, jeszcze nie w tym roku

Nie odkładajmy na później tej nietypowej spowiedzi. Przygotujmy się do zrobienia **listy złych uczynków**, które popełniliśmy w czasie swej aktywności zawodowej, kiedy byliśmy bardziej zapracowani, zestresowani, obciążeni wieloma obowiązkami domowymi. Sformalizujmy nasze złe uczynki. Nie uskarżajmy się na brak czasu, nie narzekajmy na to, że czas szybko nam ucieka – wyprzedźmy go! Zmuśmy się do dokonania oceny naszego życia, uświadommy sobie, że winą za usposobienie, charakter, podejście do życia nie możemy obarczać wyłącznie innych: pradziadków, rodziców, szkolnych nauczycielek, księdza, teściowej, przyjaciółek, koleżanek lub kolegów z pracy.

Każdy z nas ma za sobą niełatwą drogę. Od samego początku jest to droga kręta – nierzadko zarysuje się przed nami jej spiralny kształt. Spróbujmy ją narysować zwykłym ołówkiem, w zwykłym brulionie. Każdy zakręt będzie wyznaczała jakaś data ważna w naszym życiu. Będzie to na przykład zima 1951 roku, jesień 1956, wiosna 1968 lub lato 1981.

Coś, co wydawało nam się dotąd nieistotne, nabierze znaczenia, bo to „coś" podsunie nam sumienie. Zanotujmy ten podszept w dowolny sposób. A potem postarajmy się złe uczynki naprawić, ponieważ zło uczynione nawet dawno temu pozostaje czymś rzeczywistym, dotykalnym – jako **krzywda innego człowieka**. Zło, które uczyniliśmy, żyje w nas, jest naszą wewnętrzną rzeczywistością. Na pewno da się je naprawić.

By uniknąć gmatwaniny myśli i odczuć, przed nami zawsze będzie ten poradnik. Nawet jeśli z tej podróży nic nie wyniknie, nie będzie to czas stracony.

Nie wstydźmy się przyznać przed samym sobą i ofiarą

Czym jest krzywda? Czy istnieją obiektywne wskaźniki tego poczucia? Jeśli świadomie wyrządziliśmy komuś innemu krzywdę, sami powinniśmy umieć odpowiedzieć na pierwsze pytanie. Zróbmy to. Wskaźnikami niech będą **szkody fizyczne, psychiczne** i zupełnie niewymierne **szkody moralne**. O szkodach najlepiej mogłaby powiedzieć ofiara. To ona poczuła się kiedyś skrzywdzona, to ona wie, na czym polega ból, upokorzenie, poniżenie. Lecz my sami też potrafimy to zrobić. Jesteśmy przecież w stanie odróżnić zwykłą szkodę, na przykład nieumyślne wybicie szyby w willi sąsiada, od świadomego naruszenia godności podwładnego w pracy.

Jeśli stosowaliśmy tę wymagającą olbrzymiego wysiłku technikę, zwaną mobbingiem, polegającą na zastraszaniu pracownika, pomniejszaniu jego kompetencji, utrudnianiu mu wykonywania pracy, długotrwałym znęcaniu się nad nim, ośmieszaniu go wobec innych, izolowaniu go lub świadomym, celowym wyeliminowaniu go ze środowiska, bez względu na jego sytuację rodzinną i finansową – zarumieńmy się przynajmniej teraz, czytając te słowa. Przemyślmy tę długotrwałą krzywdę zadawaną/zadaną innym, a potem pozbądźmy się tych – jakże przyjemnych ongiś – emocji.

Nie okłamujmy siebie i nie udawajmy, że nie wiemy, jakie skutki wywołał trwający czasami wiele lat zły czyn u pracownika poddawanego mobbingowi. Jeśli sami nie zainteresowaliśmy się jego losem, to dowiedzieliśmy się czegoś od współpracowników lub zaufanych kolegów. Zdarza się, że informacje o osobie, której pozbyliśmy się z pracy, docierają do nas zupełnie przypadkowo.

Pozbądźmy się tych nieprzyjemnych emocji

Czym, nawet po upływie wielu, wielu lat, można zrekompensować zły uczynek, w jaki sposób go naprawić? Czy można wyrównać straty materialne i moralne poniesione przez ofiarę? Wynagrodzić, dać odszkodowanie za doznaną krzywdę? Kolejny raz odpowiadamy jednoznacznie: tak.

Wystarczy jeden telefon. Spotkanie, podczas którego wyjaśnimy wszystko z ofiarą, powiemy jej prawdę, dokonamy analizy zła. Być może odkryjemy w ofierze stoika, który przez całe życie zachował obojętność wobec świata, nosił na sobie niewidzialny pancerz, który zabezpieczał go przed osadzeniem się zła w jego wnętrzu. Być może. Z naszej strony jednak, ze strony krzywdziciela, musi paść to głośno wypowiedziane słowo: **przepraszam**.

Nie bójmy się tego, czego – jak nam się wydaje – nie pamiętamy

Sporządzając listę złych uczynków, nie zapominajmy ani na chwilę o trwałości skutków, które z nich wynikły. Przypomnijmy sobie ofiarę (ofiary). Niektórym czynność ta zabierze sporo czasu. Trzeba będzie przewertować stare kalendarzyki, zapiski, a może dzienniki pisane nocą. Trzeba będzie również ustalić, jak mocno nasze uczynki godziły w drugiego człowieka. Czy w skali trwałości należą one do tych, które doznający krzywdy (skrzywdzony) może pamiętać przez całe życie? A może według nas są tylko czynami powierzchownymi?

Tego rodzaju czystka w starym biurku przyda nam się niezmiernie. Podczas jej dokonywania zastanowimy się nad wagą złych uczynków, nad możliwością usunięcia ich skutków, rozważymy – przy odrobinie dobrej woli – niełatwy problem ich naprawy.

Oto przykładowe złe uczynki, które możemy zaliczyć do głębokich, najgłębszych, trwałych lub krótkotrwałych w skutki:

- bierne uczestnictwo w akcie zadawania krzywdy;
- dawanie upustu gniewowi, zwłaszcza w rodzinie;
- donoszenie na innych do specjalnych służb bezpieczeństwa (czyn o dużej szkodliwości społecznej);
- dręczenie osób od nas uzależnionych, np. dziecka lub żony, męża, więźnia, współwięźnia itd.;
- kradzież dla wzbogacenia się lub z chęci zysku;
- mobbing w pracy;
- molestowanie dziecka;
- nakłanianie lub namawianie innych do zażywania narkotyków i innych niebezpiecznych dla zdrowia używek;
- narażenie na szwank godności człowieka lub jego imienia;
- oczernianie tych, których nie lubimy;
- plotkowanie przynoszące szkody drugiemu;
- posługiwanie się świadomym kłamstwem;
- pożądanie cudzej i państwowej własności;
- przyczynienie się do dyskomfortu drugiej osoby;
- przenoszenie agresji na osoby trzecie;
- regularne upijanie się, które ma negatywny wpływ na rodzinę;
- umyślne podpalenie czyjegoś domostwa lub lasu;
- uwodzenie, zwłaszcza osób związanych już wcześniej z kimś innym (narażenie kogoś na cierpienia moralne);
- wysługiwanie się kimś w rodzinie;
- znieważenie kogoś;
- żądza władzy i wykorzystywanie jej w sposób niemoralny lub niewłaściwy.

Nie mówmy, że to głupie, że jesteśmy już za starzy na naprawianie zła przez nas uczynionego. Powtórzmy sobie jeszcze raz te same pytania: **Czy można naprawić wyrządzoną krzywdę? W jaki sposób można – przynajmniej częściowo – wyeliminować ją z życia skrzywdzonego i krzywdziciela?**

Na naprawianie krzywd nie ma złotego środka. Najważniejsze jest to, aby krzywdziciel zrobił coś w tej sprawie. Przysłowiowa klamka musi pójść do dołu, a osobą, która ją naciśnie, nie może być nikt inny, tylko osoba czyniąca zło. Po otworzeniu drzwi krzywdziciel powinien spotkać się z osobą skrzywdzoną. W naprawianiu zła nie można działać w pojedynkę, bowiem relacja krzywdziciel/skrzywdzony leży u podstaw poczucia krzywdy.

Wspólnie można uczynić o wiele więcej, aby krzywdę wymazać z pamięci. Aby nastąpił akt przebaczenia, musi zrodzić się dwugłos: Ja przyznaję się do winy i przepraszam, a on/ona mi przebacza.

Jeśli przebaczenie nie będzie wynikało wyłącznie z pogardliwego dystansu do krzywdziciela lub przyjęcia postawy osoby dobrotliwej bądź podkreślającej w sposób lekceważący czy też pobłażliwy swoją wyższość – odetchniemy pełną piersią, a pierwszy ciężki kamień spadnie nam z serca. Z poczuciem winy pragnący przebaczenia podaje rękę osobie skrzywdzonej, która pozwoliła sobie wybaczyć. Następuje początek cudownego, wzajemnego zbratania się dawnego krzywdziciela i pokrzywdzonego. Możemy wymazać z listy i jednocześnie z naszej świadomości jeden z pierwszych złych uczynków. Od tego momentu – w łasce pojednania – żyje nam się jaśniej i radośniej na tym Bożym świecie.

Malujmy w naszej wyobraźni zdarzenia z życia

Pewna osoba opublikowała 27 grudnia 2005 roku w Internecie taki oto list, jako odpowiedź na zaproponowany przez autora bloga temat do dyskusji: „Mój najgorszy czyn".

> Kiedyś tam (nie mam poczucia czasu), gdy rozmawiałam z koleżanką, podeszła do nas jej znajoma, którą widziałam po raz pierwszy w życiu. Niosła ze sobą roślinkę, którą w marketach sprzedają pod nazwą *lucky bamboo*. Absolutnie szczęśliwa zaczęła mówić o tym, że w końcu kupiła sobie tego bambusa. Była przekonana, że on na pewno przyniesie jej szczęście. A ja na to, że chyba zdaje sobie sprawę z tego, że ta roślina to wcale nie jest bambus, tylko dracena... Mina jej zrzedła, a ja od tamtej pory – co jakiś czas – myślę sobie, że to chyba był najgorszy z moich złych uczynków...
>
> Może dla niej ta „lucky dracena" miała wyznaczyć jakiś punkt przełomowy w jej życiu? Może miała być czymś w rodzaju amuletu? Może od dłuższego czasu powtarzała sobie, że kiedy tylko kupi tę roślinkę, to...? A ja to zepsułam! Jednym głupim zdaniem. Tak. To był mój najgorszy uczynek w moim życiu. To, że powiedziałam prawdę, nie ma w tym przypadku żadnego znaczenia.

Znaczenie tkwi zupełnie w czymś innym – w pamięci o banalnym zdarzeniu oraz w samoprzypisaniu sobie krzywdy wyrządzonej komuś. Autorka tego tekstu przeżyła swój banalny zły uczynek jako dramat moralny drugiego człowieka. Zaufała swojej intuicji moralnej. Oceniła go zgodnie ze swoimi przekonaniami, uwzględniając przy tym skrzywdzoną – według niej – osobę.

Zadała sobie trud, by poznać intencje tej osoby, dokonała analizy okoliczności i uwarunkowań. Potępiła swoje działanie, na które inni nie zwróciliby żadnej uwagi. Nie pozwoliła sobie nawet na kompromis moralny, dostrzegając wagę swego czynu. Realnie zmierzyła się z nim i zapewne za każdym razem, gdy uczyni coś złego, choćby błahego, będzie miała odwagę powiedzieć sobie: czyniąc coś złego, staję się (a nie jestem) złym człowiekiem i tracę szansę na bycie człowiekiem dobrym.

To tak, jakby przyświecała jej filozoficzna myśl Karola Wojtyły:

> Człowiek przez swoje czyny, przez działania świadome, staje się dobrym lub złym w znaczeniu moralnym. Być moralnie dobrym – to znaczy być dobrym człowiekiem, być dobrym jako człowiek. Być moralnie złym – to znaczy być złym człowiekiem, być złym jako człowiek. Przez swoje czyny człowiek staje się moralnie dobrym lub moralnie złym – w zależności od tego, jakie są owe czyny.

Wrócą się szkody, lecz któż łzy powróci?

Wspomnieliśmy o złych uczynkach, które ofiara może pamiętać całe życie. Są to na pewno czyny ważne, choć ich ocena może być bardzo subiektywna, zależna od kultury, zwyczajów, środowiska, wzorców nabytych lub wpojonych w okresie dzieciństwa, zbiorów podstawowych zasad moralnych itp. Ten sam zły uczynek może być traktowany jako zły i równocześnie jako mało znaczący, zależnie od okoliczności.

Zaliczmy taki czyn jak kradzież do czynów drugiej kategorii. To, że kogoś skrzywdziliśmy, okradając go, jest pewne. Teraz, gdy nasze sumienie zostało poruszone, próbujemy naprawić tę krzywdę. Przyznajemy się do winy, oddajemy skrzywdzonemu wszystko, co mu zabraliśmy – nawet z nawiązką, czterokrotnie więcej.

Czy tymi dwoma aktami będziemy w stanie wystarczająco zadośćuczynić bliźniemu poniesioną stratę? Czy zdołamy wyrównać wszystko, co przeżył? Czy mamy możliwość, aby w jakikolwiek sposób „zapłacić" ofierze za jej stan emocjonalny (gniew w sytuacji przemocy, smutek w reakcji na stratę, strach), który ją ogarnął po dokonaniu wspomnianego (przykładowego) czynu? A może w tamtym momencie świat się dla niej zawalił, może utraciła wtedy – na długo – poczucie bezpieczeństwa, ładu, wiarę w dobro ludzkie?

Aby nie brnąć dalej w świat pytań, zacytujmy słowa św. Jadwigi, królowej polskiej, przywołane w *Śpiewach historycznych* Juliana Ursyna Niemcewicza, których parafraza posłużyła nam jako tytuł niniejszego fragmentu: „Szkody mogą się wrócić, lecz któż łzy powróci?".

Załóżmy jednak, że powyższą krzywdę można naprawić całkowicie, choć nie jest to takie proste. Co się stanie, kiedy skutkiem złego uczynku są głębokie rany w psychice skrzywdzonego człowieka? To już nie jest krzywda, którą można określić jako powierzchowną, ani działanie dające się zaliczyć do drugiej kategorii.

U wielu ludzi skrzywdzonych urazy wzbudzają tak silne emocje, jakby nasz nieuzasadniony i niesprawiedliwy czyn działał nadal. Czas nie zagoił ran, nie powiodły się próby wymazania z pamięci bólu, nie zadziałał żaden obronny odruch psychiki. Odniesione rany mają wciąż znaczenie w życiu skrzywdzonego, który nie uwolnił się od obciążających go emocji, nie ma więc możliwości wyjścia z roli ofiary.

Zdarza się, że ludzie skrzywdzeni sami stają się krzywdzicielami, nie zdając sobie sprawy z własnego postępowania, ponieważ boją się stawiać czoło przeżytemu w przeszłości urazowi i cierpieniu. Te obawy mają nieraz tak ogromny wpływ na psychikę skrzywdzonego, że racjonalizuje je on lub pomniejsza, ukrywa przed innymi, a nawet przed sobą.

Jeśli nie spotka odpowiedniej osoby, np. lekarza, tego rodzaju podejście do poczucia krzywdy nie tylko nie przyniesie rozwiązania, ale może być także przyczyną naśladowania krzywdziciela – przejęcia roli sprawcy złych uczynków.

Może dzięki naszemu działaniu – zaproponowanemu na początku rozdziału – nastąpi zmiana zapisu przeżyć w psychice osoby przez nas skrzywdzonej? Może przyznanie się do winy, prośba o przebaczenie i pojednanie dokonają cudów – wymażą ból z pamięci, burząc w świadomości skrzywdzonego mur między przeszłością i teraźniejszością? Ten mur, który nas dotąd dzielił.

Jeśli zdecydujemy się na proponowany rachunek sumienia, nasza droga, z licznymi niebezpiecznymi zakrętami, stanie się prostsza. Spokojnie będą po niej spacerować ci, którzy byli skrzywdzeni, i ci, którzy ich skrzywdzili. Nie będziemy musieli spuszczać głowy, mijając siebie wzajemnie. Nic na tej drodze nie powinno ulec zniszczeniu, dezintegracji.

Może się też zdarzyć tak, że na tej drodze spotkamy kogoś zupełnie obcego, fizycznie lub psychicznie okaleczonego. Spojrzymy na niego inaczej – uczciwie i odważnie, choć dobrze wiemy, że to nie takie proste, gdy się spojrzeniem bólu dotyka. Wymazanie z pamięci złych uczynków nie pozwoli nam już nigdy więcej budować życia na archetypie ofiary, bo przeżyliśmy wszystko, co było i jest nam dane. Przykre wspomnienia, od których uchylaliśmy się przez wiele lat i przed którymi chcieliśmy uciec, zostały wreszcie wyeliminowane. Postąpiliśmy mądrze i dobrze. Być może zapłacimy za nasze mądre postępowanie wysoką cenę. Przypomnijmy sobie wtedy głęboką myśl Alberta Einsteina: „Jeśli coś nie ma ceny, nie ma również wartości".

Zakończenie

Niektórzy twierdzą, że najlepszą radą jest **ostrzeżenie** przed dawaniem i słuchaniem porad, bo świat jest pełen rad i doradców. My wyszliśmy z innego założenia. Już w trakcie opracowywania koncepcji niniejszego poradnika wiedzieliśmy, dlaczego zrodziła się w nas potrzeba doradztwa i w jakim kierunku powinna zmierzać. Wspominaliśmy o tym obszernie w kilku rozdziałach poradnika *Jak się nie nudzić na emeryturze*. Bez względu na stosunek do rad i porad jesteśmy całkowicie przekonani o tym, że uważny czytelnik-emeryt wyciągnie z nich właściwe wnioski, które będą odpowiedzią na nurtujące go problemy egzystencjalne. Głębokie myśli zostały w książce „głośno" wypowiedziane po to, by przestały Was niepokoić.

W poradniku korzystaliśmy z własnych oraz cudzych doświadczeń i przemyśleń na temat życia emeryta. Chodziło nam głównie o osoby, które nie potrafią wypełnić sobie wolnego czasu. Zwracaliśmy się do Was – emerytów i rencistów – z dużym szacunkiem. Traktowaliśmy Was jak równorzędnych partnerów.

Mamy nadzieję, że przełamaliśmy pokutujący w społeczeństwie stereotyp emeryta siedzącego godzinami przed telewizorem, spędzającego czas głównie w domu. Chcielibyśmy, aby tego rodzaju stereotypy i mity o seniorach pozostały wyłącznie w rzeczywistości medialnej.

Oczywiście każdy z nas ma prawo do pozostania tam, gdzie jest. Nasze działania wypływały wyłącznie z chęci poprawienia statusu emeryta lub rencisty. Pragnęliśmy dostarczyć inspiracji do tego, by seniorzy sami odkryli przyczyny samotności, wyobcowania, **nudy**; by znaleźli dla siebie właściwy kierunek, w którym mogliby się udać w najbliższej przyszłości. Każda bowiem, nawet najmniejsza próba walki z negatywnym stanem emocjonalnym, uczuciem wewnętrznej pustki, **warta** jest wysiłku.

Rada trafiona to taka, która może się okazać lekarstwem na nudę. Jesteśmy przeświadczeni, że przedstawione w jedenastu rozdziałach poradnika wskazówki będą zachętą, bodźcem skłaniającym do **działania** – by każdy z nas – w miarę szybko – dokonał zmiany swojej obecnej sytuacji na lepszą, by wydostał się z zaklętego kręgu obojętności wobec otaczającego świata.

Pesymiści mówią, że nie ma lekarstwa na nudę. Być może się mylą. Ludzie o wszechstronnych zainteresowaniach mogliby powiedzieć, że nie ma również lekarstwa na ciekawość. Aby rozwiązać ten dylemat, nastawcie się pozytywnie do rad, odkryjcie ich dobre intencje oraz motywacje. Poradnik został przygotowany tak, aby między czytelnikiem i doradcą nastąpiło sprzężenie zwrotne. Tylko wtedy dziesiątki pomysłów zawartych w poradniku będą mogły zostać wcielone w życie. Tego właśnie – z całego serca – życzymy wszystkim czytelnikom.